意識を
変えるだけで
幸せの引き寄せ
体質になれる！

守護様と
ベストパートナーに
なる方法

彩咲ちゃんねる

KADOKAWA

はじめに

守護様と仲良くなれば、誰でも幸せになれる！

初めまして。YouTube「彩咲《あやさき》ちゃんねる　満作《まんさく》乃《の》宿《やど》リシ縁《えにし》」の咲《さき》と言います。

たくさんある本の中から、この本を手に取ってくれて、ありがとうございます！

あなたはきっと「守護様」という言葉が気になって、この本を手に取ってくれたのではないでしょうか。そうした**直感的な行動は、あなたの守護様が引き起こしてくれたものです。**

だからこの出会いは、あなたの守護様が導いてくれたもの。

この出会いに心から感謝します。

「しかし、守護様って一体なんだ?」と思っている人もいるかもしれませんね。

守護様は、姿は目に見えないけれど、人間一人ひとりについて見守ってくださっている存在です。「守護霊」と言われることもありますが、この本では「守護様」と表現させてもらいますね。これから話していく内容は、あくまでもうちの解釈になります。信じられないと思う人もいるかもしれないけど、不思議な話だと思ってお付き合いください。

あなたの守護様は、自ら願って、あなたの一生をサポートすることを決めてくれたんです。そしてあなたがお母さんのお腹《なか》に宿った時から、この世に生まれて成長し、楽しい時も、辛い時も、賑《にぎ》やかだった時も寂しかった時も、ずっとずっと、あなたを見守ってきてくれました。**たった今も、あなたのそばについていてくれていますよ。**

あなたの守護様は、とてもあなたを愛していて、わが子のような気持ちで見てくれています。実は、少し過保護なくらいにあなたをサポートしたがってくれています。

そうして**あなたが自分らしく、幸せな人生を歩むために、大切なメッセージを送ってくれたり、いざという時にはこっそり危険を回避させたりもしてくれています。**

例えば、大怪我をしてもおかしくないような事故に遭ってもかすり傷で済んだりするのは、単なるラッキーではなく、守護様の尽力であることも多いのです。

もしあなたが今、不幸だと感じていたり、毎日辛くてたまらないと思っているなら、もっと守護様に甘えてもいいかもしれません。あなたが**幸せに自分らしい人生を歩むために、守護様は守り、見届け、導くことを誇りと思っています。**

守護様に助けてもらう方法はとってもシンプルです。

ただ、守護様の存在を意識すればいいんです。

どうやって意識すればいいのかは、この本を通してこれからご紹介しますね。

守護様は無償の愛であなたを守ってくれていますが、人間と同じように気持ちがあるので、ずっと無視されているとすねてしまうこともあります。そうすると元気を失い、あなたに必要なメッセージを送ったり、あなたの危険を回避させる力も弱くなってくることがあります。するとあなたも元気を失い、守護様を意識する余裕がなくなって、守護様もさらに元気がなくなって……と悪循環になってしまいます。

守護様とあなたは、運命共同体なんです。

あなたが今とても不安だったり落ち込んだりしていても、守護様を意識することだったら簡単にできるはず。**守護様を意識することを続ければ、誰でもどんどん幸せになっていくことができます。**

ここで、少しうちの話をさせてください。

うちはいつも自分のことを「うち」と呼んでいますので、この本でも自然体でうちと書かせてもらえたらと思います。アクセントは「う」に置いて、語尾下がりの音程で読んでもらえたらと思います。

そしてここからは、ＹｏｕＴｕｂｅなどでも発信している、普段のくだけた口調も交えながら書かせてもらいますね。

この本を読んでいる人の中には、今の状況が辛くて仕方ない、と感じている人もきっと多いよね。**実はうちも、ずいぶんと辛いことの多い人生を送ってきたのですが、守護様などの存在に助けられて、今は妻の彩《あや》と2人で幸せに生きています。**

うちは**生まれた時から人の守護様や神様、幽霊など普通の人には見えないものが見え、彼らの姿を見たり、彼らと話したり、不浄なものをお祓《はら》いしたり、人の前世を見たりするなどの霊能力がありました。**20代の頃からはその能力や、前世も含めて生きてきた経験則を使って、知人の霊視鑑定をしたり、人生相談を受けたりしてきました。やがてそれが評判を呼び、多くの人から依頼を受けるようになって、これまでに数万人を超える方に助言をしています。

ちなみに、相談は基本的に無料で受けてきました。一部の裕福な人からは謝礼をいただいたことはありますが、あとは遠方への交通費や宿泊費も自腹のボランティアであることが多かったです。深刻に悩んでいる人は、お金に困って生活が困窮しているケースも多く、ただでさえ辛い思いをしている人に対して、負担をかけるようなことはしたくないからです。

現在もさまざまな方からの相談を受けるとともに、妻の彩との共同作業で、YouTube「彩咲ちゃんねる　満作乃宿リシ縁」などSNSで発信もしています。内容は霊視鑑定を行っている様子や、視聴者の人生相談への回答、守護様や神様、幽霊といった目に見えない存在にまつわる雑学などで、これらはみな、うちの経験に基づく話です。

こうした活動をしながら感じるのは、**表面上は何食わぬ顔で過ごし「大丈夫」と言いながら、全然大丈夫じゃない人が多い**、ということ。みんな表向きには普通に仕事をしたり、友達とおしゃべりしたりして笑っていても、心の中では泣いているんです。心が泣いている理由は、本当に人それぞれです。お金のこと、人間関係のこと、病気のこと、家庭のこと、自分自身の将来のことなどで、ストレスを抱えたり、不安を感じたりしています。**当事者にしかわからないお悩みが本当にたくさんあって、心が壊れてしまっている人も少なくないのです。**

うち自身もたくさん辛い目に遭ってきたので、気持ちはよくわかります。

序章でも詳しく書きますが、幼い頃から父は家にいることが少なく、母は病弱で入退院を繰り返していたことから、自分で料理や洗濯をしながら生きていました。霊能力があることでバケモノ扱いされ、周囲の大人から疎まれたり、学校でいじめられたりもしてきました。社会人になっても仕事を邪魔されたり、身近な人からお金を騙《だま》し取られたりもしてきたんです。

「霊能力があるのに、なぜ騙されるとわからなかったの？」とよく聞かれます。

でもうちの場合、子どもの頃から、**油断していると人の声や悪意がどんどん入ってきてしまって辛いので、普段は霊能力が発動しないよう制御しているんです。**人の心の中をあえて見ないようにしてきたこともあり、普通の人と同じように騙されることもあれば、人間関係で落ち込むこともありました。今だってそういうことはあります。

とにかくそんな人生だったので、幼い頃は両親や周りの大人からじゅうぶんな愛情をかけられず、あるべき躾《しつけ》や教育を受けることもできなかったんです。

だけど、**物心ついた時から周りの人の守護様と会話することができ、人間としての生き方や大切なことは全部、守護様や、その他の目に見えない存在たちから教えてもらいました。**

守護様たちに教えられたことを参考にしながら自分なりに人生を歩んできて、その経験をもとに、人様に助言もできるようになったんです。人様の守護様がその人に向けたメッセージを本人に伝え、**その人がメッセージを素直に聞いて行動することで、幸せになっていく様子もたくさん目の当たりにしてきました。**

こうした経緯もあって、うちは**人間が幸せを引き寄せるためには、自分の守護様と仲良くなって、助けてもらうことが大切なんだと確信するようになりました。**

この本では、うち自身の経験や守護様の特性、実際にあった人生相談の事例などをお話しします。それらを通じて、守護様と仲良くなり、助けてもらって幸せに生きるための方法をじっくりお伝えしていきます。

どうぞ最後まで読んで、実践していってくださいね。

あなたがこれから歩んでいく幸せな人生を、心から楽しみに、応援しています。

彩咲ちゃんねる　咲

彩と咲の二人の関係

うちは今、妻の彩と一緒にYouTubeチャンネル「彩咲ちゃんねる　満作乃宿リシ縁」を運営しています。

満作というのは花の名前で、その花言葉は、神秘、霊能力、占いなど不思議なことを表しています。

この花の名前を借りて、視聴者のみなさんに、**うちらが発する言葉や霊能力によってちょっぴり不思議な世界を知ってもらい、視野を広げてもらって、幸せのかけらを見つけてほしい**という気持ちで、発信を始めました。

満作が花を咲かすのは、毎年2月から3月にかけてです。

2021年のその時期は、うちら2人のターニングポイントでもありました。

2月上旬、**彩はいろいろなことがあって、生きる意味がわからなくなり、自分をかなり追い詰めていました。**何も変わらなければ、彩は2週間以内に死ぬ運命だったんです。

うちと彩との出会いは3月1日。

その少し前に、仕事の取引先の人から、**「かなり病んでいる子がいるから見てほしい」という依頼がありました。**

当時は、会社の仕事をしながら霊視鑑定やお祓いの依頼も殺到しており、「その子に会うならこの日しかない」というタイミングが3月1日だったんです。

約束の時間の前には仕事があったんですが、いつもの通りに取引先に行くと、周囲の人が作業を手伝ってくれてすぐ終わり、不思議とスムーズに会うことができたのを覚えています。


待ち合わせの場所に着いて、待っているその子を少し離れたところから見たら、黒いオーラに包まれていて、第一印象は本当にやばいと思いました。それが彩との初対面。黒いオーラは死を宣告するもので、今までに同じようなオーラに包まれた人が、数年、数ヶ月で亡くなっていくのを見てきたからです。

実際に話をしてみると、すごく落ち込んで自信をなくしていて、心が死ぬ寸前だな、と感じました。さらに霊視をしてみると、後ろから3本の指が心臓を突いているのが見えました。

彩は、**自分で自分に呪いをかけている状態だったんです。**

彩の呪いを解くためには、自分が相当なダメージを受けることが予測できたのですが、それまでもたくさんの人を助けてきたし、このままでは彩が死んでしまうと思い**「もう、これが最後の人助けになってもいい」という覚悟で臨むことを決めました。**

まずは彩の体の中に溜《た》まった悪く濁った波動を押し出して、刺さっていた呪いを解き、次に、彼女が落ち込む原因となっていた、彼女に対して邪《よこしま》な考えを持つ人間から守るための力も注入すると、次第に彩の状態は安定していきました。

実は彩とうちは、遥か昔、原初の時代に一度会ったことがありました。

世界のみなが幸せに共存するために、旅を共にしてきた仲間だったんです。

振り返ると、最初に彩と会った時、原初の姿とうっすら重なって感じられたことも、自分を犠牲にしてでも助けたいと感じた理由だったと思います。

その後、何度か会うようになったら、その時の彼女のシルエットが色付いて、彩とピッタリ重なっていきました。

知り合うにつれて、原初と性格も考え方も、行動も一緒だな、と思い出していきました。


うちは彩よりだいぶ年上ですし、病気もあり、収入も安定していなかったのですが、彩はこんなうちに対して「ホームレスになってもついていく」とまで言ってくれ、お付き合いするようになり、一緒にYouTubeチャンネルも始めました。

正直、彩と出会う前は、人を助けてきてもひとときの感謝で終わるし、心の底から理解し合えることは難しいとわかっていました。

でも今は多くの人に応援してもらえるようにもなって、人間って捨てたもんじゃないな、と思えるようになってきています。

彩とは出会ってからちょうど3年経った2024年の3月1日に結婚しました。

お互い辛い人生を歩んできましたが、再び二人で生きられることに感謝しています。

目次

第1章 守護様のことを知ろう

第2章 守護様を意識して、助けてもらおう

第3章 守護様の力を借りて、毎日を変えていこう

第4章 守護様と一緒に、自分の人生を切り拓こう

特別収録

人気YouTuberを霊視鑑定！

ラファエルさん&青汁王子こと三崎優太さん

編集協力／野中真規子　デザイン／ライラック　イラスト／山内庸資　校正／山崎春江

序章

見えない世界と、そこにいる存在を感じよう

見えない世界をざっくり把握！宇宙の仕組みとは

守護様と仲良くなって、その力を借りて幸せになるためには、守護様のことを理解する必要があります。守護様について説明をする上で、欠かせないのが「目に見えない世界」のこと。守護様もまさに、目に見えない世界に存在しているからです。

そこで序章ではまず、宇宙の仕組みの話をさせてもらいますね。

オカルトやスピリチュアルに興味のある人なら、なんとなく聞いたことがあるかもしれませんが、そういうことに関心のなかった人にとっては、ちょっととんでもないことに聞こえるかもしれません。ある程度知識のある人からすると、そんなことは嘘だと思うこともあるかもしれません。これから書くことは、全部うちが経験として知ってきた事実なんだけど、**無理に信じてもらわなくても大丈夫です。**エンタメとして楽しみながら読み進めてもらってもいいですよ。

この宇宙は大きく分けて、天界、あの世、人間界、という空間に分かれて構成されています。実際には他にもいろいろな空間があるんだけど、かなりややこしくなるから、この本ではあえて触れないようにしますね。

「人間界」は、まさにうちら人間が生きているところです。そして実は、**人間以外の神様や精霊、幽霊、悪霊、妖《あやかし》など人間以外の存在もたくさん住んでいて、実はそれぞれ影響し合いながら生きているんです。**

「あの世」は、人間が亡くなって成仏し、魂に戻ってからたどり着くところです。**あの世には人間の魂のほか、鯨など他の転生する動物の魂も存在していて、再び転生し、生まれ変わるための準備をしています。**

そして「天界」は宇宙のすべての空間を管理しているところ。あの世の魂や人間界にいるすべての存在のことも管理していて、必要に応じてそれぞれの空間をつなげることもしています。

宇宙の仕組みをプロスポーツにたとえるなら、**天界がオーナー企業で、神様や精霊は天界に管理されている社員のようなもの。さらにその社員が管理しているフィールドでプレイしているのが人間**、という関係性になります。

●精霊、幽霊、妖……人間界にいる不思議なものの正体

人間界には、人間の他にも神様や精霊、幽霊などいろいろな存在がいて、通常、人の目には見えないことがほとんどです。

あなたは目に見えない存在と言うと、何をイメージするかな?

お化けや幽霊を思い浮かべて、「怖い」と感じる人もいるかもしれませんね。

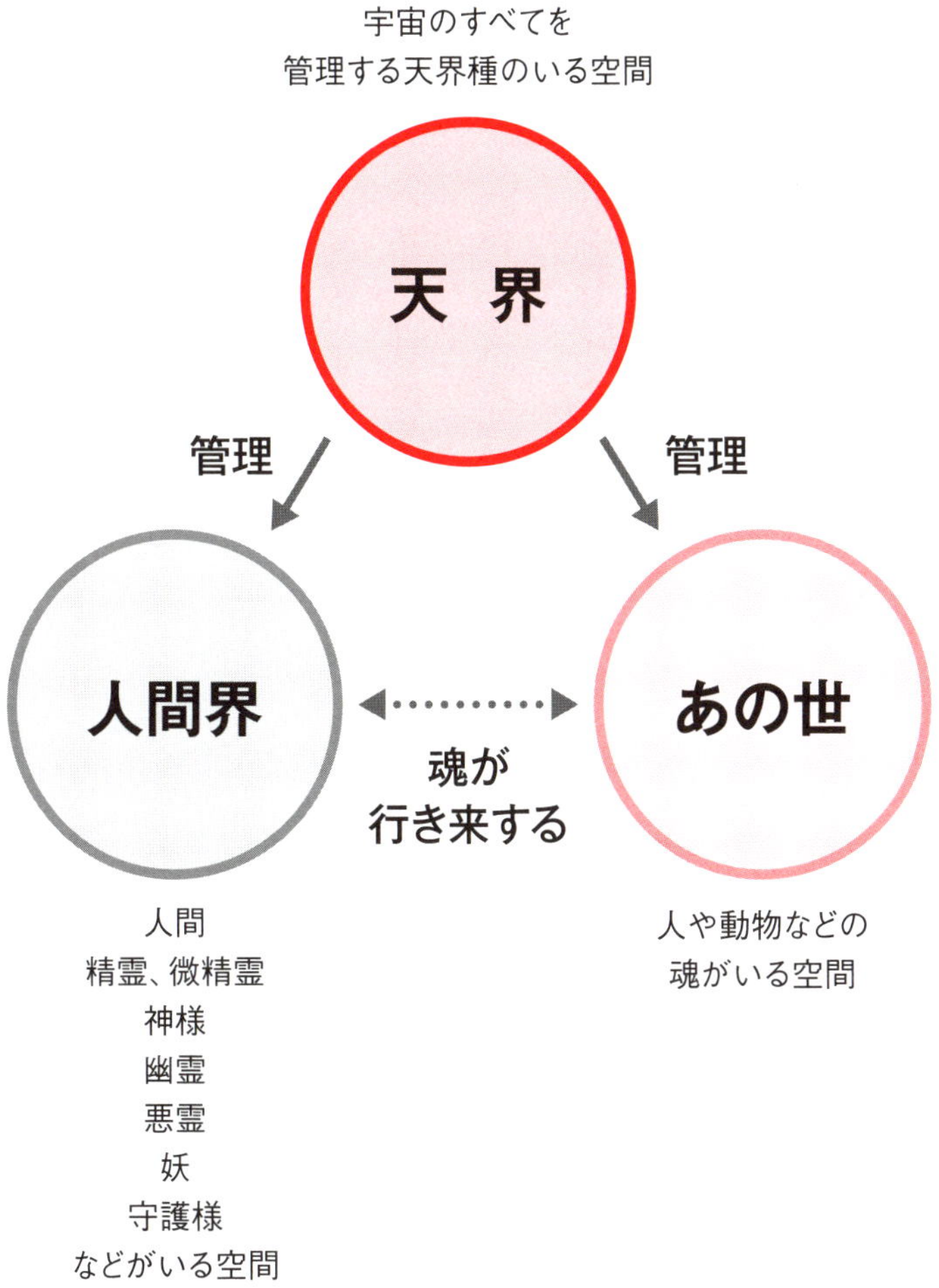
宇宙のすべてを
管理する天界種のいる空間
天界
管理
管理
人間界
あの世
魂が
行き来する
人間
精霊、微精霊
神様
幽霊
悪霊
妖
守護様
などがいる空間
人や動物などの
魂がいる空間

幽霊というのは人間界に未練や執着を残して亡くなり、成仏できずに残っている存在のことで、人間に悪事を働いたりするような力はないので、あまり怖い存在ではありません。もちろん、取り憑《つ》かれていいことはないので、なるべく避けることは大切ですけどね。幽霊が人の魂を食べて力をつけると悪霊になり、人間に危害を加えることができるようになるので、悪霊が憑かないように注意することは必要です。

目に見えない存在のことを知らないでいると、ただ恐怖でしかないと思いますが、理解することで恐怖心はやわらいでいきます。この本では、そのための知識もたくさんご紹介していくので、安心してくださいね。

そもそも幽霊や悪霊だって、もともとはうちらと同じ、人間だったんです。もっと言えば、うちら生きている人間だって、目に見える肉体と目に見えない魂とが合わさってできた存在なんです。そう考えると、幽霊にも少し親近感が湧いてこないかな？

ここからは、人間の正体や目に見えない存在について、もっと詳しく解説していきますね。

私たち人間一人ひとりにある肉体は、魂の器のようなもの。魂は輪廻転生《りんねてんしょう》を繰り返してきており、誰でも生まれる前には別の人としての人生＝前世や、さらにその前の人生＝過去世がありました。多くの場合、生まれると前世の記憶はなくなりますが、前世や過去世の怪我などの経験が肉体に現れることもあります。

○人間

人間は有機物で構成された肉体に、無限に転生し続ける魂が入り込んだ存在です。**人間の肉体＝魂を入れる器です。あなたが生まれる前、母親の胎内に肉体が出現すると魂が入り込み、転生したのがあなたなんです。**今持っている肉体はこの一生で一度きりのものだけど、そこに入っている魂は無限に生まれ変わるし、これまでにも何度も生まれ変わってきています。

次に転生する時は、あなたの魂はまた別の肉体に入り込みます。「この肉体×この魂」の組み合わせは今回限りです。

人間は亡くなった後、成仏するとあの世に行きます。**あの世から転生するための部屋への道のりはみんな同じ距離ですが、到着するまでの時間は人によって違います。生前に犯した罪の重さでその時の体感は重くなり、道を進むのに時間がかかることになります。**

ちなみに、あの世への**道を進む度合いが辛く長いことを、一般に「地獄」と呼びます。決して地獄という空間があるわけではないんです。**

あの世で一定のプロセスを経た魂は、また人間として転生します。地球以外の星に転生する人もいるけど、98%は地球にまた生まれます。**転生するまでの期間は70～3000年ほど。あなたもずいぶんと長いプロセスを経て、生まれ変わったんです。**

ただし、特別枠のようなものがあって、3歳以下で亡くなった人や、天界にとっていい影響を及ぼす功績を残した人は、数年で転生することがあります。功績といっても、何かで成功したとか社会的地位を築いたとかではありません。

例えば、道の空き缶をたまたま拾ったことなど、本人が思いもよらない行動によって、天界側にいい影響を及ぼすことがあるんだけど、偶然そういうことをした場合に功績を残したとみなされます。でも、功績を残せたかどうかは死んだ後でないとわからないから、あなたがこれから空き缶を拾っても功績になるとは限りません。

転生した後も魂は同じなので、基本的な考え方は変わりませんが、肉体は変わります。そして、新しい肉体はその両親に似ることになります。一部の特別な人以外は、転生後の両親や環境は選べないことがほとんどで、いわゆる親ガチャを引くことになります。

前世で悪いことをしたからといって、今の人生が悪くなるということはありません。転生すると、生前に罪を犯した人でも一からやり直せるよう、記憶をなくされます。でも稀《まれ》に、前世で感じた恐怖やトラウマを覚えて生まれる場合もあります。例えば、自分ではなぜかわからないけど海が怖い場合、前世では海で亡くなった可能性があります。また肉体に、前世や生まれる前の名残《なごり》がある場合もあります。例えば、前世で負った刺し傷の部分にあざがあるとか、生まれる前に母親が火事を見て恐怖すると、その感情が胎盤から伝わり、火傷《やけど》したような跡を持って生まれることもあります。

精霊や微精霊は人間からあふれているエネルギーを食べることで力を得て、代わりに私たちが住む土地を守ってくれています。座敷童子や「小さいおじさん」も精霊が姿を変えたもの。精霊や微精霊は、気に入った人の願いが、よいものでも悪いものでも叶えようとしてくれることがあります。

○精霊、微精霊

精霊や微精霊は人間からあふれているエネルギーを食べることで力を得て、人間が住む土地を守ってくれています。人間と精霊、微精霊は共存関係にあるのです。人間のエネルギーを食べるというと恐ろしく感じるかもしれないけれど、人間が酸素を吸ったり、植物が二酸化炭素を吸収したりするような自然なこと。もっとも小さい微精霊という存在が、人間のエネルギーを食べて力をつけると、精霊になります。

精霊や微精霊は、人間のことはエネルギーをもらう相手としか思っていないんだけど、土地を守ろうとする人がいると力を貸すこともあります。あと、エネルギーをくれた人のことを気に入ると、その願いを叶《かな》えてくれることも。でも微精霊は善悪の判断がつかないので、人の悪意や呪いのようなことも叶えてしまうことがあります。悪意や呪いは、願ってはいけません。いずれ同じように呪われてしまうかもしれないのでやめましょう。

精霊はエネルギーの塊で、もともと肉体がないんだけど、時には自分で肉体のような見た目を作り出すこともできます。座敷童子《わらし》とか、「小さいおじさん」もその一部。テレビでよく芸能人が「小さいおじさん見た」って言うことがあるよね。だからたくさんの人が「小さいおじさんって本当にいるのかな？」って思うでしょ？　そう思ってその辺を歩いてると、そこにいる精霊が「この人は小さいおじさんが見たいんやな」って思って、小さいおじさんの見た目になって姿を現すことがあるんです。

座敷童子についていては以前、うちが旅館で働いていた時に館内にもいました。その旅館に泊まった客は、なぜか出世するんです。座敷童子は、うちが休憩中に囲炉裏のところに座っていたら、うちの顔をツンツンつついてきて「ここには何百年もおる」って話しかけてきました。その後仲良くなって、親切にしてもらいました。

精霊が人間からあふれたエネルギーをたくさん食べて力を持つと、神様になります。その見た目は人のようだったり、光だけだったりなどいろいろ。神様も精霊や微精霊と同じく土地を守り安定をはかってくれています。ご縁、時空、災害、病気などを司る神様もいて、気まぐれに人の願いを聞いてくれることもあります。

○神様

精霊がたくさん人間のエネルギーを食べて力を持つと、神様と言われる存在になります。ちなみに歴史書に出てきたり、神社に祀られる名前のついた神様は、この神様とは別の存在だとうちは認識しています。神様の見た目は人のようだったり、光だったりといろいろで、神社にいることが多いです。

神様も精霊や微精霊と一緒で、おもに担当する土地の安定を司《つかさど》っています。縁をつなぐ神様もいます。気まぐれに人間のお願いを聞いてくれることもあります。

亡くなった人の魂は、通常、成仏してあの世に行きますが、この世での恨みや執着などが原因で人間界への未練があると、幽霊になってさまよい続けることになります。そうならないために、人間界やあの世の仕組みを理解した上で、悔いのない人生を送ることが大切です。

○幽霊

亡くなった人間の魂が、成仏できないまま人間界にとどまると幽霊になってさまようことになります。成仏できない理由は人間界への未練で、恨みや執着などが原因となります。

幽霊にはさほど力がなく、人間に深刻な悪さをすることはありません。姿を見せることはあるから、びっくりする人もいるかもしれません。

幽霊もお祓いなどをして成仏させることができます。ちなみに、「お化け」は幽霊や妖怪など得体の知れないものを総称した言葉です。

人間界をさまよっている幽霊が、寄ってくる悪霊にそそのかされたりして、人の魂を食べてしまうと自ら悪霊になります。悪霊になると二度と転生できなくなります。魂を食べれば食べるほどに力が増し、人間を金縛りに合わせたり、悪いことに誘導させたり、幻覚を見せたりなど干渉するようになります。

○悪霊

成仏できずにさまよっている幽霊が、悪霊にそそのかされたりして人の魂を食べてしまうと悪霊になります。亡くなった人の魂を食い物にしますが、自分で人を殺して食べることもあります。魂を食べた瞬間に力が増すので、もっと食べたくなり、食べるほどにどんどん強くなります。

力をつけた悪霊は、金縛り、誘導、幻覚を見せるなど、人に干渉できるようになり、人に取り憑いて悪さをさせることもあります。**悪霊になると、二度と転生できなくなります。**

死神は人を死に至らしめるのではなく、その人にとっての適切な寿命を知らせたり、死の間際に迎えに来たりする神様であり、怖い存在ではありません。死神が迎えに来た人は、迷わずあの世へと向かえることが約束されることになります。

○死神

死神は、その人の魂にとって適切な寿命を知らせに来たり、迎えに来たりする役割を持つ神様で、怖い存在ではありません。

死神が迎えに来た場合、近いうちにその人は亡くなりますが、迷わずあの世へと向かえることが約束されることになります。

一般に、死神はドクロのような顔で、黒装束に鎌を持った姿のイメージがある人も多いと思います。でも姿はいろいろで、うちは黒装束で、美しい女性の姿をした死神を見たこともあります。

妖は、進化の過程で人類と枝分かれし、独自の発展を遂げた存在で、猫族、狐族、月光族、鬼族などさまざまな種族があり、それぞれ違った特徴を持っています。妖は人間界に密かに存在していて、姿を見せることもあります。

○妖

妖は、進化の過程で人類と枝分かれし、独自の発展を遂げた存在です。

妖の中でもさまざまな種族がいるのですが、うちが実際に見たことがあるのは犬族、猫族、狐《きつね》族、月光族、鬼族で、いずれも見た目は人間に似ているけれど、それぞれに違った特徴があります。

犬族は耳と尻尾があり、犬歯が大きいのですが、あとは普通の人間とほぼ同じ姿。嗅覚と聴覚が敏感です。猫族も耳と尻尾がある以外は人間のような見た目です。

狐族は鋭い耳と大きな尻尾を持ってい

て、金髪で肌に透明感があります。

月光族は寿命が人間の2、3倍と長生き。耳の横に鱗《うろこ》があって、音や光に敏感です。

鬼族は体が2メートル弱と大きくて、昔話の鬼のようなツノはないのですが、人間よりも歯が大きく、また4本少ないのが特徴です。

他に熊族やタヌキ族、カッパ、コロボックルもいるらしいけど、うちは見たことがありません。

妖は人間界に密かに存在していて、姿を見せることもあります。

しかし、住民票はなく、耳が大きいなど姿が異形なことが原因で、買い物などにも行けないため、信頼できる人間が働かせる代わりに、衣食住を与えて匿《かくよ》っていることもあります。

うちはコンビニで働く犬族の妖に会ったことがありますが、認識阻害の術（気づかれにくい術）をかけて店頭に立っていました。

きっと店長が理解ある人だったんだろうなと思っています。

守護様は、生前に天界にとって素晴らしい功績を残した人や、正しい心で生きた人など、選ばれし存在だけがなれます。あなたを見守ってくれる守護様も、立派な生き方をした元人間なのです。守護様になると、二度と人間として転生できなくなりますが、天界から新たな力を授かることができます。

○守護様

あの世で成仏した元人間の中で、生前に天界にとって素晴らしい功績を残した人や、正しい心で生きた人、自分よりもほかの人を優先させながら生きた人など、選ばれしものが守護様になります。あなたを見守る守護様も、立派な生き方をした元人間なんですよ。

守護様になると、転生はできなくなりますが、その代わりに天界から新たな力を授かることになります。

守護様については、次の章からたっぷりと解説していきますね！

●本当の宇宙の歴史と、人間界を救いたい思い

　ここからは、宇宙の歴史の話と、それに絡めてうちがなぜ今のように多くの人から相談を受けたり、霊視などをしているかをお話ししていきたいと思います。

　宇宙は誕生した後、さまざまな理由があって消滅したり、また誕生したりを繰り返していて、今存在している宇宙は、4回目に誕生した宇宙です。一般的に言われているように、今回の宇宙がビッグバンによって生まれたのは事実。そして、その3つ前の最初にできた宇宙を、うちは「原初の宇宙」と呼んでいます。

　なぜこういうことを知っているかというと、うちは前世において、原初の宇宙で天界を作ることに携わっていたからなんです。詳しくは書けないけど、うちが住んでいた原初の天界で起こった出来事によって、今の人間界で本来なされるべき循環を滞らせてしまっているんです。

うちは原初の天界に携わったものとして、なんとか今の人間界を平和に導きたい、と感じているんです。もちろん普通の人間として、困っている人を助けたい、という善意もあります。

うちはこれまでの人生において相当な苦労をしてきているし、自分の前世や人様の前世に入り込んで経験したことも含めて、一般の人よりはかなり経験値が高いです。そこから得た知識や知見と、霊能力を活かして、人間界に暮らす人たちが少しでも幸せに生きるために役立つことをしたいと願い、今のような活動をしているわけなのです。

コラム

孤独な幼少期にいじめ、身内の欺き……辛かった半生

人生相談に乗る際、うちは相手の方に、いろいろな話をしています。その中で、**うち自身の人生経験や苦労話をすることで、心が楽になってもらうことも多い**んです。

ここではうちの生い立ちについてお話ししますね。「こんなに辛い経験をしてきた人でも、**経験を糧にして、守護様の力を借りることで、自分らしい人生を歩めるんだ**」と、励みにしていただければ嬉しいです。

うちは中部地方で生まれ育ちました。**幼少期から、母は心臓と腎臓を患い入退院を繰り返していて、家にいても寝ていることが多く、甘えた記憶はありません。父も仕事と母の付き添いなどで忙しく、私の面倒を見てくれませんでした。**父に辛い気持ちを訴えても、「そのうちなんとかするから」と言ってはくれるのですが、状況は変わりませんでした。

家では誰も食事を作ってくれなかったので、小さな頃から冷蔵庫にあるものを漁《あさ》って食べていました。

小学生くらいになると、今度は自分で料理をするようになりました。

初めて作ったのは、ウインナーを切って炒《いた》めたものと、スクランブルエッグ。最初の頃は、なんでも火を通せば食べられるだろうと思って、とにかく冷蔵庫にあるものを焼いていました。

少し経ってからは、給食で出たものを研究して、カレーを作ったり、肉を炒めたりもするようになり、「どう炒めたら美味《おい》しくなるかな？」と考えて作るようになり、だんだんと料理の腕を上げていきました。

母は病弱で、家にいる時もこもりがちな中で、頼れる友達やご近所さんも全くおらず、きっと孤独だったと思います。祖父母との折り合いも悪く、泣くこともよくありました。それを見ていた**うちは、いつも泣きながら「こんなところにいても仕方ないよ」「逃げよう」と伝えましたが、母はいつも「大丈夫、大丈夫」と無理に笑って言うのです。**

でもうちは、「大丈夫なわけがない」といつも悲しい気持ちでした。

だから、今もうちは「大丈夫」という言葉に敏感です。

本当に辛い思いをしている人に限って、「大丈夫だから」と平気なフリをしているのを見るのが、とても辛いんです。


周囲の大人からも、風当たりが強くありました。身近な大人についている守護様から「この人の心を正してほしい」と頼まれて、人前でその人の悪事をしゃべってしまうこともあったので、邪魔者扱いされていたんです。

●守護様とのファーストコンタクトは２歳の頃

辛い日々の中で、心の頼りにしていたのが、周りの人についている守護様の存在でした。といっても、**うちは自分の守護様とは会えたことがありません。なぜかはわからないんです。その代わり、人の守護様が見えたり、話したりすることができます。**

最初に人の守護様と会ったのは、２歳くらいの時だったと思います。

人間のような姿をしたものが、その辺に浮いて話しているのを見て「なんかしゃべってるなー」と不思議に思っていました。

体は浮いているし、普通の人間と違って、彼らはいつ会ってもその言葉に裏がなくて優しくて、食べたり飲んだりすることがないんです。

彼らは、ついている人が話している内容について、その背景を教えてくれることもありました。学校で意地悪な子に悪口を言われた時は、その子についている存在が「お前のことが気になって、ちょっかい出しているだけだよ」と教えてくれたりしました。

「彼らはどんな存在なんだろう」という疑問が湧いて、正体を聞いてみても、ただ「見守るもの」としか答えてくれません。成長するにつれて、本やテレビで幽霊やお化けの存在に気がつきますが、そういうものとも違う気がしていました。

そのうち、図書館で本を読み漁るうちに「守護様」という言葉を知り、「あの方たちは守護様という存在なんだ！」と腑《ふ》に落ちたんです。

小さな頃から、父や母の守護様も見えていました。父の守護様は男性で、短髪でツンツン立ち上がったヘアスタイル。雰囲気からすると、500年くらい前に生きていた感じなのですが、今の言葉で言うと「チャラ男」、昔の言葉で言えば「傾奇者《かぶきもの》」という感じでした。

父の守護様に話を聞くと、父を指さして「バカ!」と言っていました。父は若い頃に自分勝手に生きていたので、反省してほしいと思っていたようです。

父の守護様にはたくさん慰めてもらいました。

当時、うちは父が父らしいことをしてくれなかったことに対して複雑な思いを抱いていましたが、守護様は父がやさぐれた理由を説明してくれたり、「申し訳ないね」と父の代わりに謝ってくれることで、心が安らいだのです。父の守護様は、うちにとってもう一人の親のような存在でした。

母の守護様は女の人で、髪の毛はストレートのロングヘア。アイボリーの寝巻きというか、浴衣《ゆかた》のようなものを羽織っていました。病気や家庭環境が悪化して母が苦しんでいるのを見て、しょっちゅう泣きながら「かわいそう、助けられなくて申し訳ない」というようなことを言っていました。

母は心も体もボロボロなのに、うちの前では平気を装って「大丈夫」とよく言っていましたが、そういう時も、守護様が胸元に手を当てて首を横に振っていました。それを見て、やっぱり母は無理しているんだな、とわかって辛くなりました。

守護様の他にも神様、精霊などいろいろな存在に助けられて、辛いながらも人の道を外れずに生きてこられたと思っています。

●「頭がおかしい」といじめられた少年時代

うちは小さい時から、意見をあまり声に出して言わず、周りのものごとを見ていて、その時に必要な行動をしていくようなタイプでした。

学校のイベントなどでも率先して動くのではなく、黙って観察していて、トラブルなどで手に負えなくなった時にだけ手を出すようにしていたので、**影のリーダー的存在だったかもしれません。周囲からは、優しい子だと言われることもありました。**

ただ学校でも、**霊能力で見えることを正直に口に出してしまうので、いじめもありました。**小学生の頃は「頭おかしい」「変なやつ」とバカにされていました。体が大きかったので、「デブ」「豚足」「不細工」などと悪口を言われることもしょっちゅうでした。

他にも机に落書きされるとか、教科書がなくなる、靴が焼却炉に捨てられるなど、典型的ないじめも日常茶飯事でした。先生に訴えても何もしてくれないし、いじめてくる人を相手にしても無駄だと思って、手を出されてもひたすら我慢していました。

中学生になると、いじめはさらにエスカレートし、単純な嫌がらせだけではなく、ありもしない噂《うわさ》を広められるようになりました。幽霊など、みんなに見えないものが見える話をすると「シンナーを吸ってるから頭がおかしいんだ」と言われたり、「夜中じゅう遊び回ってる」と言われたこともあります。

高校に進んでからは、バイトをして自分で学費を払いながら学校に通っていましたが、イジメで自主退学に追い込まれました。

高校1年の2学期が始まった頃に、同級生や先輩からの限度を超えたイジメをはね除《の》けたのですが、相手が学校関係者の親類だったということもあって、翌日普通に登校したら、先生から「もう学校に来るな」と言われ、出席も取ってくれなくなりました。

それで留年が確定したのですが、余計なお金を払ってまで学校に行く理由が思いつかず、結果的に自主退学することになったんです。

●最近までブラック企業の重労働や上司の嫉妬に苦しんでいた

高校を退学してから2年ほどは地元で働いていました。

料理の専門学校に通いながら、授業料を払うために同じ系列店の焼肉店と料亭での仕事を掛け持ちしていました。学校の時間以外はずっと働いて、月に10万円ぴったりしかもらえませんでした。

20年ほど前の話ではありますが、当時の相場としても安いし、端数もあったはずなのですが、それは差し引かれていたことにも後で気づきました。**毎月の給料から授業料と交通費を引くと、あとはほとんど残らなかったのですが、お店で廃棄するものをもらってお弁当にしたりしながら、なんとか生きていました。**

20歳になると、地元から離れた観光地にある高級料亭兼、旅館で働くようになりました。

お客様には政治家や経営者が多く、彼らの目の前で料理を作って提供する仕事です。この店ではお客様からビジネスの相談を受けたりして、心付けをいただくことも多く、結構な額を稼ぐことができました。

料理長から認められ、副料理長として働いていましたが、同僚の妬みからくるいやがらせで辞めざるをえませんでした。

うちはマニュアル通りに動くのが苦手で、上から決められたことでも、仕事をする上で無駄だと思うことはできない性格です。

料理の仕事も、食材や調理法、それを食べるお客様の気持ちやお店のことを考えて、一番いい方法だと思うことを自分で判断して行動するので、仕事の質や効率よりも「社内の常識」を優先する上司や同僚からは疎まれて、よく怒られました。

ある時、従業員の荷物の置き場所を、より仕事の動線のよくなるところに移動した時は、それで実際に効率が上がるという結果も出したのですが、社内ルールを最優先する上司の判断で元に戻されてしまったこともあります。

会社やお店がよくなることを考えて行動し、いい結果を出していたので、どこの職場でもトップの人には気に入られましたが、中間管理職からは一様に反感を買っていました。

経験上、一般常識にとらわれて自分の頭で判断しない人は、部下から正論を言われたり、実績を出されたりすると、激昂してしまうことが多いと思います。そういう人は、うちから見ると子どもに見えてしまうこともあります。

話は戻りますが、その料亭で働きながら、**将来の独立資金にと貯めていたお金も、身内に盗まれました。**

開業後に仕入れを頼もうとしていた会社と現金取引を始めるために、まとまった額の現金を下ろせるように銀行に頼んでいたのですが、どこからか身内の者が情報を聞きつけて、うちより先に現金を取りに行ってしまったんです。

今ではありえないことですが、当時の銀行としては、身分証明書の住所も一緒だったので渡してしまったとのことでした。**その身内はそのまま失踪して行方知れず。結**

果としては、お金は戻ってこず、泣き寝入りするしかありませんでした。

●霊能力や前世も含めた経験を活かして、20代から人生相談を受けていた

現在のように、霊視鑑定や人生相談を本格的に受け始めたのは、20代前半の頃です。

それまでも料亭で働いている時に、お客様である政治家や経営者の話を聞いて、助言したことで、実際にビジネスが成功する人がたくさんいて、「隠れ相談所」のようになっていました。

料亭を辞めてからは、仕事仲間など周囲の人の相談に乗っていました。

ある時、派遣の仕事をしている時の同僚の紹介で、その友達の悩みを聞くことがありました。その人の息子さんは心霊スポット巡りが趣味で、悪霊に取り憑かれ、うつになっていたんです。

ちなみに、心霊スポットは興味本位で行くと、本当に悪霊に憑かれてしまうこともあるので絶対に行かないようにしてくださいね。

その大学生の息子さんにはお祓いをしてあげると、心が回復しました。その後、その子が通う大学でうちの噂が広がって、たくさんの人から悩み相談を受けるようになったんです。

家族のこと、恋愛のこと、どんな仕事が向いているか、どんな守護様がついているかとか、先祖は成仏できているのかなど、相談内容は多岐にわたります。

今は、基本的に人生相談を受ける際にはお悩みを聞いた上で、**霊能力や、人様の前世を見たりすることで蓄積された膨大な人生経験、さらに辛かった自分の人生からの経験則も活用しながら、人様の相談ごとを受けています。**

具体的には、守護様の姿や時代を話したり、守護様が本人に対して伝えたいメッセージを話してくれれば、本人が受け入れやすいように噛《か》み砕いて伝えたりしています。

他にもオーラ鑑定といって、人それぞれで違うオーラの色や形を見て、その人本来の性格傾向を読み解いたり、その本質的な性格と実際の生き方にずれがある場合は体調が悪くなったりするので、ずれがなくなるように話をしたりもしています。

家やお墓を霊視鑑定することもあります。それで浮遊霊や悪霊が憑いている場合は浄化したり、再び憑依《ひょうい》されないように結界を張ったり、空間に見えない壁を作ったりもします。

他にもうち自身の力があふれている時は、人様の前世が見えたり、「同調」といって人様の意識に潜り込んで、感情とか過去を見ることもできます。

相談料は無料、遠征の交通費も基本的に自費です。

辛い思いをしている人は、経済的にも苦しいことが多く、そこからお金をいただくことが性格上できないからです。また、能力を商売にすると「洗脳」などと思われがちなこともあり、ごく裕福な方からの相談以外は無料にしています。

ちなみに霊能者の中には、わざと呪いをかけて「あなたは呪われています」と言って高いお金を取ってお祓いをするような人もいるので、安易に信じないほうが無難です。

仕事については最近までさまざまな職を転々としてきました。

途中で祖父母の介護をしたりもして、休まざるをえないことも多かったので、履歴書の印象は最悪。仕事のブランクがある期間は介護をしていたと言っても信じてもらえず、遊び歩いてきたのだろうと見なされて、数百社受けても落とされることも多かったです。

結果的に拾ってもらえるのはブラック企業が多く、賃金は安く、職場にいる人は荒《すさ》んでいて、嫉妬からのいじめに遭うということも多かったです。

最近は応援してくれる方々のおかげさまでＹｏｕＴｕｂｅなどの発信で収入を得られるようになり、今は仕事を辞めています。

今も生活が安定しているとは決して言えませんし、霊能力があったことでずいぶんと辛い思いもしたのですが、今ではその霊能力や、辛かった経験があったおかげで、多くの人のお役に立てることができていると思っています。

第1章
守護様のことを知ろう

守護様は、あなたを生まれる前から見守っている

序章にも書いたけど、あなたの**守護様は自ら守りたい存在としてあなたを選び、生まれる前から死ぬまで、あなたをずっと見守ってくれています。**目には見えないけど、親よりも長くそばにいて、あなたをわが子のように思ってついてくれているんですよ。

この先もっと守護様と仲良くなるために、この章では、守護様とはどういう存在なのかを詳しく説明しますね。

守護様は、基本的に一人に1体ついています。「守護霊（守護様）は何人かいる」という説もあるけど、それは全部が守護様なのではなく、実際は先祖やペットの幽霊も含まれているのではないかと、うちは思っています。

守護様はあなたが生まれる前、お母さんのお腹に命が宿った瞬間から、あなたが亡くなるまでそばについていてくれます。

人は亡くなってから5日くらいかけて、家族や親戚、友達など生前ご縁のあった人に挨拶回りをします。守護様はその間もあなたについているけど、成仏するまでいる方は少なく、2週間ほどで離れるようです。また、魂の性質が違うため、亡くなっても守護様を見ることは難しいです。

ところで、うちら人間には欲があって、それをベースに行動しますね。カッコよく見られたいから頑張るとか、お金がほしいから働くとかもその例だよね。

一方で、**守護様にはまったく欲がなく、ただただ純粋に人間を見守ってくれています。**人間のような肉体がないから、取り繕う必要がないんです。

守護様は基本的にいつもあなたのそばで見守っているんだけど、あなたは「お風呂も見られていたとしたら恥ずかしい！」なんて思うかもしれないね。

でも、今さら恥ずかしがることはありません。たしかに守護様はお風呂やトイレに

守護様は、一人の人間が生まれてから死ぬまでずっと見守ってくれている存在です。守護様がついていない人は一万人に一人くらい。あまりにも横着だったり、人としてだらしない生き方をしていると、守護様に見放されてしまうこともあります。守護様の存在に感謝しながら、毎日を大切に生きましょう。

もついてくるけど、もちろんやましい気持ちはないので安心してね。それに守護様は、あなたがデートしている時はさりげなく離れるなど、空気を読むこともあるんです。

守護様は常にそばにいるわけではなく、必要であれば本人が心配している家族の誰かのところに様子を見に飛んでいったりもします。だから、うちが人の守護様と会話をしたい時に、たまたま不在で話せない、ということもあるんです。

守護様のサポートは、その人だけでなく、その人が飼っているペットにも適用されます。「あの猫に何かあると、この子が悲しむから見てこよう」という感じでね。

これまでたくさんの人とその守護様と会ってきて、守護様がついていない人は一万人に一人くらい。その人が**あまりに横着だったり、人としてだらしない生き方をしたりしていると、守護様はだんだんと力がなくなっていき、やがて力つきて離れていくんです。**

それは同時に、守護様自体の存在が消滅することを意味しています。

まとめ

守護様は、あなたが生まれる前から死んだ後までずっと見守ってくれる存在です。たった今も、あなたの人生がより良いものになるよう、純粋にあなたをサポートしたいという気持ちで動いてくれていますよ。守護様がついていない人は、一万人に一人とかなりの低確率。その人があまりに横着だったり、人としてだらしない生き方をしていたりすると、守護様はだんだんと力がなくなっていき、やがて力つきて離れていくんです。よほど人の道に外れた生き方をしていなければ、あなたにも守護様はついてくれています。まずはその存在を認めて、意識するようにしましょう。

実は生前の功績を天界に認められた「元人間」

守護様の正体は、元人間です。もともとはうちらと同じように人間として生きて、亡くなった後、守護様として転生した存在なんですよ。**守護様には誰でもなれるわけではなく、生前に正しい心で、素晴らしい生き方をしたことを、天界から認められた人だけがなれる仕組みになっています。**自分で「守護様になりたい」という欲のある人は、残念ながら守護様になることはできません。

守護様として認められるには、生前に何かの名誉に与《あずか》ったとか、お金を稼いだとか、地位を築いたなど社会的な功績は関係ありません。**人として正しい心で、自分よりも他人を優先したり、人を陥れなかった人が守護様になる資格を得られます。**人間力の高さが基準になるんです。ただし、人からよく見られたいから正しい行動をする、というのでは、欲で動いていることになるので、人間力が高いとは言えません。例えば**他人を優先するにしても、困っている人を見た時に、自然と助けたいと思えるかどうかです。**「助けなきゃいけない」とか「助けたら周りからどう見られるか」などと考えることなく、とっさに手を差し伸べられる人が、人間力が高いと言えます。

こうした思いやりの心というのは、生まれ持った性質です。この性質のために、人を思って行動した人は、相手から感謝されたり、笑顔を見ることで幸せを感じられたりすることもあると思います。

ただし、思いやりの心を持っていることが、生きる上で必ずしもいい結果を生むとは限りません。以前うちが前世を見た人の話です。戦争中、前線で戦っていたその男性は、大怪我をしている人を見て、とっさに抱きかかえて助けようとしたら、その怪我人に地雷が仕掛けられていたんです。男性は、爆殺されてしまいました。

救いようのない話だけど、思いやりと察しの心を持った善良な人が、そういう悲しい運命をたどる可能性もあるということです。

そうした**生きるか死ぬかの究極の選択で、他人を優先させることができるような崇高な魂を持った人が、守護様として認められて、あなたについているわけです。安心して守護様を信頼してくださいね。**

ここで、亡くなった人がどうやって守護様になるかを説明しますね。誰でも人間は亡くなってから、すぐにはあの世には行きません。肉体から抜けた魂は、最短でも5日ほど人間界にとどまって家族やお世話になった人たちに挨拶をして、納得すると、あの世へと旅立つことになります。

あの世には検問所のようなところがあり、そこにたどり着いた人は、天界から来た担当者から審査を受けます。そこで「あなたは生前こういうことをしてきて亡くなりました。これから〇年後に、こういう形で転生します」といったことを告げられます。さらに**守護様になる資格がある人はここで「あなたには守護様になる資格がありますが、どうしますか？」と聞かれることになるんです。**

そうして、守護様になった時のメリットやデメリットも伝えられます。

普通の人間に転生した人は、亡くなった後にまた転生することになるんだけど、**守護様になるともう二度と転生できなくなります。その代わり天界から力を与えられることになります。**

そうして、晴れて守護様になることを決めた人は、これから担当する人間を3人ほど紹介されることになります。そのうち**誰につくかは、守護様自身が選択します。あなたの守護様も、このようなプロセスを経て、あなたを選んでついてくれているんです。**検問所にたどり着いてから、実際に守護様として生まれ変わるまでの期間は、人によっても違うけど、30～50年くらい。普通の人間に転生する場合は、人間界の時間感覚で通常70年から3000年かかることに比べると、守護様として転生するサイクルはとても短いのです。

まとめ

守護様は生前、思いやりのある生き方をして亡くなり、天界から認められた元人間です。素晴らしい人生経験をもとに、あなたをより良い人生に導いてくれますよ。

日本人の守護様はほとんどが日本人

ここまで読んで、「自分の守護様は一体どんな人だったのかな?」と気になる人も多いと思います。**あなたの守護様は、あなたと同じ血筋の人か、あなたの一族にご縁のあった人です。**

例えば武家の家系だった人が、農家の人を助けたことがあり、農家出身の守護様が恩義を感じてその末裔《まつえい》の人につくなどのこともあります。守護様のサポート範囲は、恩義によって血筋を越えるのです。

なので、あなたが日本人なら、元日本人の守護様がついている可能性が高いです。

今生きている人の守護様は、数百年前、数千年前に、人間として生きていた人が多

いです。

なぜこういうことがわかったかというと、うちはたくさんの人の守護様を見て、姿かたちを眺めているうちに「どうも現代人とは顔立ちも身長も服装も違うな」と感じていて、いつの時代の人なのかを、歴史書などを読んで調べたからです。

守護様が着ている服や、周囲に飾られているもの、風景、食器などを見て、歴史書と照らし合わせながら、100年単位くらいで時代を整理していくうちに、こういう姿の人は、このくらいの時代のこの土地の人、というような分類ができるようになりました。

ただ守護様は、力の強い方だと自分で自分好みに見た目を変えることもできてしまいます。ときどき、江戸時代くらいの女性なのに、明治時代くらいの服装に見せているな？　と違和感があることがあり、「あなたの時代には～がありましたよね」などカマをかけることで、本当の時代がバレるということもありました。

ある人を霊視鑑定した時は、歴史的に有名な偉人が守護様としてついていたことがありました。その人のルーツを調べてみると、実際にその偉人と関連があったこともわかりました。でも歴史書を見ると、表向きになったこととその方が行ったことがかなり違っていたんです。

守護様に歴史書の内容を話すと、「俺そんな死に方してないよ！」と言いました。また、その偉人が支えていた、さらに超有名な偉人がいるのですが、歴史書ではその人が傍若無人な性格で「敵を残虐なやり方で殺して晒《さら》し首にした」と説明されていました。守護様にそのことも伝えると「あの方がそんなことをするわけがない。晒し首にするどころか、自分でお金を出して、僧侶を3人つけて供養して、家族のもとまで送り届けた。あんなに仁義のある優しい方はいない！」と怒っていたんです。

そんなふうに、守護様との会話を通して、改竄《かいざん》された歴史に気づくことも、実はとても多いんです。

ちなみに、**守護様が現れる時の見た目の年齢は、本人が一番思い入れのあった時のものになります。** 25歳で一番活躍した人は、25歳の時の姿で現れます。60歳で亡くなったから60歳の姿で現れる、ということではありません。

また**守護様の性別は、つく人の性別とは関係ありません。**女性に男性の守護様がつくこともあれば、女性の守護様がつくこともあります。異性の守護様の場合、つく人が異性と仲良くしているのを見て嫉妬したり、心配したりすることもありますが、つく人のより良い人生のためだと思えば、恋愛や結婚を邪魔することはありません。

まとめ

現代人の守護様は、数百年前から数千年前に生きていた人です。あなたの守護様は、あなたと同じ血筋もしくは一族にご縁のあった人で、いずれにしても一族に対する愛や恩義から、その一族を支えたいと思っています。ですから日本人の守護様は日本人であることがほとんどです。見た目でどんな時代に生きていた人かは大体わかりますが、力のある守護様は、自分好みに見た目を変えることができるので、わかりにくいこともあります。

現れる時の見た目の年齢は、本人が一番思い入れのあった時のもので、亡くなった時の年齢で現れるということではありません。

安定への近道は、見えない存在を意識すること

人間界には守護様だけでなく、精霊や神様、幽霊などさまざまな目に見えない存在がいるということは、序章でもお話ししました。

うちが現代を生きる人にあらためて伝えたいのは、**守護様をはじめとした目に見えない存在を意識し、感謝の気持ちを思い出してほしい**ということです。**守護様は人間一人ひとりについていて、守ってくれる存在なのに対して、精霊や神様は人間が住む土地を守ってくれる存在です。**

人間が守護様に感謝することで、守護様は元気になり、さらにうちらを守ってくれるのと同じように、**人間が精霊や神様に感謝することで、精霊や神様たちは喜んでうちらが住む土地を守ってくれ、地球はもっと住みやすくなります。**

そうすると人間はもっと幸せになり、自分や住んでいる場所を大切にしようという気持ちが芽生え、守護様や精霊たちもさらに力を増して、人間や土地を守ってくれるようになり……というように、いいエネルギーがどんどん循環するようになります。

昔の日本人は、あらゆる現象やすべてのものに神が宿っていると信じて八百万《やおよろず》の神々を崇めたり、ご先祖様に手を合わせたりなど、目に見えない存在に感謝し、敬い、畏《おそ》れてきました。目に見えない存在を心から信じていたんだよね。

でも**現代人は、生活が自然から離れて便利になる中で、こうした目に見えない存在のことを忘れてしまっています。**自分たちだけがよければいいと思って、自分を守る守護様や、家を守る精霊や、土地を守る神様のことを蔑《ないがし》ろにしている。だから彼らも力を失っていっています。

守護様が弱ると人が荒んでいくのと同じように、**精霊や微精霊、神様に元気がなくなれば家や土地は荒んでいき、結果的に家や土地の居心地が悪くなっていきます。**実際に、うちも10年くらい前までは、自然の豊かな場所に現れる風の精霊をよく見てい

どんな土地にも守ってくれている精霊や微精霊、神様がいます。我々人間が土地に住まわせてもらったり、使わせてもらっていることに感謝の気持ちを持つことで、彼らはさらに土地を守ってくれるようになり、我々の居心地もどんどんよくなっていきます。

たんだけど、最近では会わなくなりました。土地開発など、人間の都合で必要以上に自然が荒らされることが増え、風の精霊も居心地が悪くて離れていってしまったんだと思います。**都会でも、どうしても人が寄りつかないお店や、店舗が入っても絶対に潰れるビルなどは、精霊や神様が見放した場所だと言えます。**

でも今こそ、土地を守ってくれている見えない存在に一人ひとりが感謝して元気になってもらい、**それぞれのエネルギーをうまく循環させることで、世の中はもっと安定していく**と思うんだよね。

ちなみに、見えない存在には幽霊や悪霊もいるけれど、彼らの存在を認めることも、自分のために大事なことだと思います。

自分の死後も魂が生き続けることや、あの世へ行くことを信じられないと、死んだら自分が存在するはずはないと思っているから、死んだことを信じられず意識だけが人間界にとどまり、幽霊になっていつまでもさまようことになります。

死んだ後、あの世に行くことや転生することは、誰もが魂レベルでは知っていても、親や周りの人から「あの世なんてない」「死んだら終わり」と刷り込まれることも多くて、信じられなくなるんだよね。「死んだら終わり」と思っていたほうがいいと言う人もいるから、押し付けるものではないし、縁起でもないけど、実際死んだ時にわかるようになります。

まとめ

土地を守る精霊や神様などの存在を認めて感謝することで、土地は住みやすくなり、人間が元気になり、精霊や神様もさらに元気になって……という好循環が生まれます。

幽霊や悪霊、あの世の存在を無理に信じる必要はありませんが、理解しておいたほうが、亡くなってからの成仏がスムーズにいくことになります。

ワーク　心身に力が満ちる！波動を強化する呼吸法

心と体を元気に保ち、守護様としっかりつながるために、魂を強化できる呼吸法をしてみましょう。

魂が強くなると、心が強くなり、肉体の新陳代謝にもつながります。いわゆる気や波動が強化され、エネルギーが満ちるので、幽霊や悪霊に取り憑かれにくい状態を作り出すこともできます。連続3回以上行うことで効果が出て、続けるうちに心身にエネルギーが満ちていくのを感じると思います。

基本は立って行いますが、寝転がって実践してもいいですよ。

仕事の休憩時間や寝る前などに、1日ワンセット行いましょう！

やり方は次の通りです。

波動を強化する呼吸法のやり方

1

足を肩幅に開いて立ち、肩を開き手のひらを開いて外に向けます。寝転がった状態でもOKです。

2

斜め上を向いて、5秒かけて鼻から息を吸い、お腹を膨らませて空気を溜めます。イメージは頭の上のツボである、百会《ひゃくえ》から吸う感じです。

3

お腹にある空気を感じながら、息を5秒止めます。

4

ちょっと下向きになり、10秒かけて息をフーッと細く長く、口から吐いていきます。余分なものが口から出ていくとともに、必要なエネルギーだけがお腹の中に残り、時計回りに回りながら圧縮してとどまるイメージを持ちましょう。

ちなみに、このやり方は簡易的なもので、正確に行うには呼吸する秒数が違います。4・9秒吸って、5・2秒止めて、7・8〜32・2秒吐きながらエネルギーをとどめるやり方です。

最初のうちは5秒吸い、5秒止めて10秒吐くやり方でしばらく続けてみて、慣れてきたら、できるだけ正確な秒数を意識することで、さらに魂を強化し、気や波動を上げることができるようになります。

第2章

守護様を意識して、助けてもらおう

守護様はあなたに必要なメッセージをくれる

守護様のことを理解できたら、次は日常的に守護様を意識していきましょう。この章では、守護様と仲良くなって、助けてもらう方法をお伝えします。

まず、守護様があなたをどうやってサポートしてくれるのかというと、あなたが生まれてからずっと見守りながら、あなたがより良く生きるためのメッセージを常に発信してくれています。

メッセージの伝え方は、あなたが直接守護様に質問してみて返ってきた答えだったり、直感だったり、友達からの何気ない一言だったり、道に立っている看板の言葉だったり、夢の内容だったりすることもあります。

守護様は、あなたのピンチを助けるために、奇跡を起こしてくれることもあります。

ある女性は、守護様と仲良くなってから、大事な予定のある日に目覚まし時計をセットし忘れても、その時間に目覚ましが勝手に鳴って予定にちゃんと間に合ったり、たまたまテレビで見てどうしても気になる言葉があって調べておいたら、次の日の仕事の商談でその言葉が話題に出てきて、スムーズに取引が進んだりしたこともあるそうです。守護様と仲良くなっていくにつれて、そういう奇跡は増えていきます。

守護様に願いごとを聞いてもらえる可能性はあるけど、**あくまでもあなたのためになることを、守護様自身が判断して与えるので、あなたの思い通りになるとは限りません。**例えば、あなたが「宝くじで1億円当たってほしい」と願っていても、守護様が、それよりもあなたが転職して収入をアップさせたほうが本人にとっていいと判断すれば、転職のためのヒントを与えるために難しい仕事を与えたりします。守護様は、あなたに必要な試練を与えることもあるんです。ちなみに、守護様は宝くじを当選させるなどはできません。

まとめ

守護様は、あなたがより良く生きるためのメッセージを発信してくれます。あなたのピンチを助けてくれたり、時には試練を与えることもあります。

あなたが意識することで、守護様は力を発揮できる

あなたの守護様はあなたをとても愛していて、少し過保護なくらいに面倒をみたがってくれています。**日頃から見守り、サポートしてくれる守護様のことを時々、意識してみてください。**

とくに、大難が小難で済んだ時には、守護様のおかげであることも多いので、守護様のことを思い出して感謝するといいですよ。

例えば守護様は、あなたが道を歩いていて、**急に猛スピードの車がぶつかってきそうな時に、あなたにタックルして避けさせるなどして守ってくれることもあります。でもそうして力を使うたびに、守護様は弱っていくんです。**だからもし、大事故になってもおかしくなかったような時に無傷や軽傷で済んだら、単なるラッキーでは済ませず、「守護様のおかげかも」と意識してみると、守護様はとても喜びます。

守護様はあなたを一生懸命に守っているのに、感謝されることなく、ましてや存在をまったく気にかけてもらえなかったとしたら、すねてしまうこともあります。もちろん、それであなたに仕返ししたり、罰を与えたりするようなことはありません。

でも、守護様が元気でいてくれるように、その存在を感じて感謝しましょう。

そして、感謝は言葉にしましょう。

守護様はあなたの気持ちを察することはできても、思っていることを100％理解することはできません。ふと、守護様に守ってもらえているな、と感じた時に、**心を込めて「ありがとう」と言うことが大切です。**

ちなみに守護様を必要以上に敬ったり、崇めたりする必要はありません。**自分が幸せになるために守護様に媚びるような態度は、感謝ではなく欲によるもの。それよりも、守護様はあなたが普通に話しかけたり、頼ったりしてくれることを喜びます。**

まとめ

日頃から見守り、サポートしてくれる守護様に感謝しましょう。守護様は気持ちは読み取れないので、心を込めて「ありがとう」と口に出すと伝わります。

守護様からのメッセージをしっかりつかむコツ

守護様が送ってくれるメッセージをしっかりキャッチするには直感を信じること。ふと頭をよぎったり、見聞きしたりして気になったことは、**自分の勘違いや気のせいだと思わず、その内容を気に留めておきましょう。**メモをとるのもおすすめです。

ただし、不安な時や悲しい時、落ち込んでいる時、逆に興奮して気持ちがたかぶっている時など、気分が安定していない時の直感は、間違っていることが多いので要注意です。低くなっている波動に共鳴して、たまたまその辺にただよっている浮遊霊がそそのかしているだけ、ということもあるからです。

直感は、気分がフラットな時に受け取ったものを、守護様のメッセージだと捉えるといいんです。散歩している時、お風呂に入っている時など、自分がリラックスして安心している時に、守護様に質問してみたり、「今私に必要なメッセージをください」と話しかけてみてください。後で直感や人との会話、読んだ本の気になるフレーズなどを通じて、回答してくれます。

夢の内容を気に留めておくことも大切です。

誰でも、起きているときは直感が降りてきても頭で考えてしまうので、内容を素直に受け取りにくいと思います。頑固な人の場合、起きている時にメッセージを送っても受け流されてしまうから、守護様は、何も考えずに受け取れる夢の中でメッセージを伝えてくることが多いんです。

だから、**夢で気になったことがあれば、その内容を心にとどめて、できれば記録するのがおすすめです。**

ただし夢の内容は、起き抜けでは覚えていても、目を開けると視覚から膨大な情報が入ってきて、すべて忘れてしまうことも多いよね。

だから夢を見たら、目を開けないまままず口でその内容を言うと、頭に記録できていいんです。できればあらかじめ枕元にメモ帳を置いておき、目を開けたらその内容をすぐに書き写せると理想的。出てきた人、言葉、数字、色など印象に残ったものを書き留めておくと、その後の考え方や行動のヒントとして役立てることができます。

妻の彩は、仲良くしていた友達の嫌な部分を夢で見ることがあって、ずっと心にとどめていたんです。その後、現実的にもその友達といろいろあって、今は縁を切っているんだけど、見た夢は守護様からの「その友達とはご縁を切りなさい」というメッセージだったのかな、と今は思っているそうです。

ただし、夢で見たことが全部守護様のメッセージとは限らないので、それも注意してね。**夢の内容は、単なる記憶の整理のこともあります。**

直感したことや、印象的な夢は守護様のメッセージとして心にとどめておき、その後何かを考えたり、行動する時のヒントにしてみます。それを**繰り返すうちに、降りてきた直感や見た夢が、守護様のメッセージなのかどうかを自分で判断できるようになっていくと思います。**

ちなみに、うちが守護様と話す時は普通に言葉で会話してくれます。でも守護様は初対面の人間をなかなか信頼してくれないので、うちが最低でも2回は会わないと声が聞けないことも多いです。

ついている人とうちが仲良くなって、次第にその人がうちに打ち解けてくると、守護様も安心して、その人への心配事とか、もっとこういうことをしたらいいという的確なアドバイスをくれるようになります。

守護様がどんな人か知りたい場合は、「守護様、姿を見せてください」と言って、夢に出てきたイメージを紙に描いてみるといいですよ。何度かやってみて、同じような姿の人を描いているようなら、それが守護様の姿である確率が高いです。

まとめ

守護様は、直感や人との会話、夢などを通じて、あなたがより良く生きるためのメッセージを伝えてくれます。気になったことは自分の勘違いや気のせいだと思わず、守護様からのメッセージだと思って、その内容を気に留めておき、その後に何かを判断したり、行動したりする時のヒントにしましょう。

直感力を磨くには、自分に正直に生きること

守護様からのメッセージをしっかりキャッチするためには、直感力を磨くことが大切。そのために**必要なのは、「自分に正直に生きること」だとうちは思っています。**

親から躾《しつ》けられてきたことや、周りに押し付けられていること、世間の常識などにとらわれて、「こうしなくてはならない」とか「こうあるべき」と思っていることの中で、違和感のあるものがあれば取り払い、自分がありたいようにあることが大切です。

なぜなら、そうした義務感やルールに縛られていると、頭で考えてばかりで、自分の感覚が機能しなくなってしまい、直感が鈍ってしまうからです。

自分に正直に生きることと、自分勝手に振る舞うこととは違います。周囲の状況や

相手の気持ちを察して、思いやりの心を持つことは大前提。それでありながら、自分の感覚にしたがって、なるべくあるがままの素の自分を出して生きられると理想的です。**もっと自分に正直に生きたい、と思う人は、守護様にあるがままの自分の気持ちを話しかけることから始めてみてください。**例えば寝る前や、お風呂に入ってリラックスしている時に、守護様を信頼する家族のように思って、日頃の話を気がねなくするといいですよ。

「今日仕事場でかわいい子と話せて嬉しかったんだよね」と報告してみたり、「ママ友との関係で困っていてさ」など悩みを相談したりするのもいいと思います。そうするうちに、自分の正直な気持ちが見えてくるはず。守護様も「自分を頼ってくれてるんだなー」と嬉しくなって、ますますあなたをサポートしてくれますよ。

まとめ

直感力を磨くためには、自分に正直にあることです。周囲に配慮しながら、素の自分で生きられたら理想的。まずは守護様に素直な気持ちで話すことから始めましょう。

守護様の前で泣いたり、わがままを言ってみよう

自分の正直な気持ちを守護様に話せるようになると、自分がこれまで我慢していたことにも気づくはず。

「ワンオペで家事をこなすのは大変だけど、私が我慢すれば丸くおさまる」とか、「職場の人たちに話を合わせないとグループの和を乱す」などと、自分の本当の気持ちを押さえつけて、ストレスを感じている人は結構多いと思います。

我慢しがちな人は、時にはわがままを言い、泣きたい時には泣くことが大切です。そうしないと、心が壊れてしまい、限界を超えるとうつ状態になってしまいます。

悲しく辛く落ち込んで一人になった時、自分の胸へ手を当てて鼓動を感じてください。頭や背中、全身にぬくもりを感じてください。多くの守護様は、頭をなでたり、

優しく包み込むように抱きしめてくれます。

そして守護様に、我慢してきたことを打ち明けましょう。

そのまま泣きたくなったら、我慢せずに泣いてしまいましょう。泣きたい時には泣くことも大切です。泣きたくてもなかなか泣けない人は、悲しい映画などを見て泣いてみるのも練習にはなると思います。涙を流すだけでもストレスは解消されます。

もう1つ、おすすめはカラオケボックスで思いきり叫ぶこと。

内容は誰かへの文句とか「ふざけんな！」「ばかやろー」などなんでもいい。相手に直接ぶつけなくていいからハードルは低いでしょ。

大きな声を出すことで心がすっきりし、体の循環もよくなって、我慢によって体内に押し込められていた低い波動が外に押し出されていきます。

まとめ

我慢しがちな人は、守護様に慰めてもらい、泣きたい時は泣きましょう。カラオケボックスで思いきり叫ぶなど、ストレスを発散させることも大切です。

落ち込んだ時は、守護様に慰めてもらおう

守護様はいつでもあなたを応援したいと思っています。だから、**辛くて落ち込んだ時も、守護様をぜひ頼ってみてください。**

今、自分は落ち込んでるなと気づいた時は、両手で自分の頬をそっと包んでみてください。もし手が冷たかったら、擦り合わせるなどして温めてからやってみてね。手のぬくもりを通じて、守護様があなたに想いを送ってくれます。

そのまま両手を少し上に引き上げて、口角を上げて笑顔を作ってみましょう。無理にでも笑顔を作ると、心が前向きになっていきます。

体も動かしてみましょう。筋トレやスクワットもいいですし、走れる人ならジョギ

ングでも。早足でウォーキングをするのでもいいですよ。

ヨガやストレッチなどは、動く合間につい考え込んでしまうので、この場合にはおすすめしません。

人は誰でも、ほんの少しでも考える隙間があると、嫌なことを考えてしまうので、考えるスキがないほどに没頭できるような運動がいいでしょう。結果的に心と体の発散にもなり、落ち込んでいた気持ちが晴れていきます。

一度気持ちが晴れても、生きていればまた落ち込むことはきっとあります。でも、その都度ここに書いたことを繰り返し実践することで、思考は前向きになっていきます。

まとめ

落ち込んでしまう時は、守護様の温かなエネルギーを感じて、無理にでも笑顔を作ってみること。走る、歩く、泳ぐ、筋トレするなど、没頭できる運動に取り組むのもおすすめです。考え込んでしまう余地をなくし、心と体を発散させることで、気持ちが前向きになります。

「自分が正しい」と思う人が守護様に宣言するべきこと

あなたを愛してやまない守護様も、あなたのもとからいなくなることがあります。あなたがあまりにも横着だったり、悪事を続けたりしていると、なんとか立ち直らせようと力を消耗してしまい、やがて力尽きて、泣く泣く見放すことになります。**とくに自分は正しいと思っていても、いつも周囲に迷惑をかけているような人は要注意。周囲からも守護様からも見放され、生き方がどんどん荒んでいってしまいます。**

以前、前世で暗殺者だった人と会ったことがあります。その人は外面がいいけど、地が荒っぽく、酒癖が悪くて飲むと暴れ、意見が合わない相手は平気で殴り、トラブル続きの人生でした。守護様もなんとかしようと力を使い果たして、ほとんど見放している状態。でも、彼はある時「酒を飲むと周囲に迷惑をかけ、その結果悪いことが自分にも返ってくるんだ」と気づいて心を入れ替えたんです。そうして酒量を控えるうちに、守護様の力も回復し、彼がトラブルを起こすことも減っていきました。

ただし、彼の場合一時的に性格が改善したものの、しばらくするとまたお酒をたくさん飲み、元の状態に戻ってしまいました。

その人本来の性格、いわゆる「地」は魂の性質とも言え、何度転生しても変わりません。根本的な性格を改善することは難しいのです。でも人は必ず変わることができます。あなたも変わりたいなら、**まずは周囲の人のことを考えて行動しましょう。そして「変わりたい」と守護様に宣言し、強い気持ちで意識と習慣を変えてください。そんなあなたに、守護様も成長につながるようなヒントをたくさん送ってくれますよ。**

まとめ

周囲に迷惑がかかるようなトラブルを何度も起こし続けている人は、経験から学ぶことができていない証拠。「変わりたい」という目標を持ち、強い気持ちで意識を変え、習慣を変えていきましょう。周囲の人のことを考えて行動することも大切です。

コラム

神様から教わった大切なこと

うちが幼少期から辛い人生を歩んできながら、人の道を外れずにいられたのは、守護様をはじめ、いろいろな目に見えない存在のおかげだという話は序章でも書きました。

出会ってきた神様たちも、いろいろなことをうちに教えてくれました。**寂しい時、うちを抱きしめながら「この世で一番大切なのは、親が子を思うような無償の愛なんだよ」と教えてくれたのはある神様でした。**うちは幼少期、両親からの愛を感じにくい環境で育ったけど、その神様が無償の愛を体感させてくれたと思っています。

そして、**本当に立派な人とは、相手を思いやれる人のことだとも教えてくれました。**

お金は人が作り出したもので、お金持ちだから豊かだとか社会的に成功しているから立派だとか、持っているお金の多い少ないや、地位によって人に優劣がつくような世の中はおかしい、とも。**困っている人がいたら、自分の身を切ってでも相手のために分け与えることができる人が立派なんだよ、と神様は言っていました。**

ある時、お腹がすいてひもじい思いをしていると、「お腹がすいているからって食べ物を盗んではダメだよ。食べ物がお店に並ぶまでに、どれだけの人が苦労して関わっているかを考えてごらん」と諭してくれたこともありました。

神様は、うちが悪霊や精霊を見えることも知っていて「悪霊には近づいたらいけないよ。彼らはお前を攻撃しようとするから」とか、「他の土地の神様は、最初は警戒するけど、誠意を持って接すればちゃんと応えてくれるよ」など、目に見えない存在との付き合い方もアドバイスしてくれました。

神様はいつも、何かうちに注意する時は、その理由をわかりやすく説明してくれました。ちなみに、子どもを持つ親は「走っている車に近づいてはいけないよ」などと注意するけど、その理由を説明しないと、子どもは意味がわからないから車に近づいてしまいます。「走っている車に近づいて、はねられたら大怪我しちゃうかもしれないよ」と、理由まではっきり説明しないとダメですよ。

ほかにも散歩している時に「あれはなんていう花？」「この木の実は食べても大丈夫？」など、普通に子どもが親に質問するようなことを神様に聞いて、答えてもらったりもしていました。**うちは親から受けられなかったそういう躾も神様から受けるこ**

とができました。そのことが人生を送る上での指針となり、人様にアドバイスをする時の軸にもなっています。

ちなみにうちの言う神様は、神社で祀られている名前のついた神様とは違う神様のことなのですが、その神様も神社にいることが多いです。

あなたが神様に会いに行くなら、地元の神社に、昼間のうちに行くことをおすすめします。地元の神社にいる神様は、その地域の土地を守っています。そして夕方の16時くらいになると、その地域の各家を見て回って、不浄なものがあればお祓いもして、夜中にまた神社に帰ります。だから夕方から夜にかけては不在なんです。

そういうことを教えてくれたのは、うちの地元の神社にいる10歳くらいの姿をした男の神様です。いつも光っているので、うちは勝手に「ひかりさん」と名付けています。

ひかりさんは、毎晩地域を見回りに行く神様たちも、例大祭の時や年末年始は四六時中神社にいて、お参りする人たちの報告を聞いているということも教えてくれました。だからそういう時期は、ひかりさんも忙しくて死にそうな顔をしています。

第3章

守護様の力を借りて、毎日を変えていこう

毎日を変えるために、小さくても目標を持とう

第2章では、守護様と仲良くなるためには、「自分に正直に生きること」が大切だと書きました。自分に嘘をついていたり、我慢し続けたりしている人は、ストレスで直感力が鈍り、守護様からのメッセージもキャッチしにくくなってしまうからです。そうならないために、辛い感情を手放すための対処法も紹介してきました。

この章では、前向きになったあなたが、さらに守護様の力を借りながら、毎日を変えていくための方法をお伝えします。**一見、自分と関係ないと思うようなページにも、あなたに必要なヒントは含まれています。ぜひすべてのページに目を通して、気になる部分があれば、意識して実践してみてください。**

今、将来への漠然とした不安に悩んでいる人は多いと思います。

「今の仕事の未来が不安なので転職したい」とか「転職するならいつの時期がベスト？」「適職の見極め方は？」など仕事に関する相談も多くあります。その人の環境やこれまでのキャリア、スキルにもよるから、これという答えはないんです。だからここでは、仕事に対する心の持ち方をお伝えしたいと思います。

多くの人を見ていると、生活のために今の仕事にしがみつくしかないと思って、与えられた仕事をイヤイヤやっている人は多いと思います。いわゆるブラック企業で長時間労働に耐えていたり、上司からの理不尽な扱いにストレスを溜め込んでいたり、派遣でしたくない仕事を押し付けられながら、職場をたらい回しになったりしている人もいると思います。

そこから抜け出すためには、まずは目標を持つことが大事です。目標を持たずにイヤイヤ仕事をしていたら、毎日がつまらなくなり、将来も不安になって当たり前。それよりも、楽しい目標を設定してそれが叶うイメージをしていれば、未来のために頑張ろう、今の辛さも乗り越えよう、という前向きな気持ちになれるよね。

守護様も、あなたが目標を持つことを願っています。あなたが目標に向かって生き始めた途端に、守護様もパワーアップして、喜んでサポートしてくれます。そうして、あなたが行きたい方向にどんどん導いてくれるんですよ。

かといって、今が辛くてやる気が出ない人に、「理想の職場に転職する」とか、「好きなことを仕事にする」みたいなキラキラした目標を持てと言っても無理だよね。**最初の目標は仕事に関係のない、小さいことでもいいんです。守護様に「私が今やりたいことって何だっけ？」って質問してみて。**そうすると「この週末に焼肉を食べに行きたい」とか、「来年の夏は痩せてビキニを着て海で遊ぶ」とか、ちょっとした目標が浮かんでくるはず。それを思い描くだけでもちょっとやる気が出てこないかな？

その目標に向かって行動し始めると、意識が変わって、行動も前向きなものに変わってくるはず。「週末にいい気分で焼肉を食べるために今週は仕事をキリよく終わらせよう」とか、「焼肉代をキープするためにコンビニに行くのをやめておこう」とかね。

目標達成することが楽しくなってきたら、今度は少しハードルを上げて「今日は仕事をここまで完璧に終わらせる」とか、「次の転職がうまくいくように、今の職場でトップを目指す」などの目標を設定して、それに向かって行動するのもいいですね。

そうやって常に目標を持って行動するうちに、毎日の仕事や生活に前向きに取り組めるようになるから、生きることが楽しくなって、仕事の成績や周囲の評価も上がるなど、目の前の現実は変わってきます。いずれは、「趣味を仕事にしたい」「不労所得を得たい」などさらに大きな目標が現れてくるかもしれません。

逆に何も目標がない状態だと、毎日の生活も仕事も疎かになりがちです。食べるものや運動や、人間関係にも気を使わなくなってしまって、周囲からもだらしない人、信用できない人という印象を持たれてしまいます。仕事のモチベーションも上がらないから思うような結果も出ず、周囲からも評価されることがないでしょう。

そうならないために、まずは小さくてもいいから目標を持ってみてください。

まとめ

辛い毎日を変えるには、目標を持つことです。目標があると常に自分を整えておこうと思うし、気持ちにハリが出るから、自然と行動が変わって、やがて目の前の現実も変わっていきます。いきなり大きな目標を持つ必要はありません。「週末に焼肉を食べに行きたい」など、まずは小さい目標から設定してみてくださいね。

求めることを明確にして、もっと輝く場所に立つ

次に聞きたいのは**「あなたにとって、その場所は適正な場所ですか？」「そこであなたの力を発揮して、輝くことができますか？」**ということ。そもそも「仕事なんて嫌で当たり前」「我慢しないと稼げない」って思うかもしれないけど、もしかしたら、楽しい職場で好きな仕事をしたほうが稼げるかもしれないよね。

仕事が辛いなら、自分がやりたい仕事や、輝ける職場はどんなところなのか、確認しましょう。例えば、「人と接する仕事が好き」「一人でできる働き方がいい」「手作業が得意」「体を使うのが好き」「電車通勤したくない」「平日に休みがほしい」など、**まずは思いのままに、自分が理想とする仕事や、働き方について書いてみてね。**

理想の仕事や働き方が思い描けない人は、**今の仕事の不満を守護様に愚痴ってみて。**

「勤務時間が長くてだるい」なら1日何時間働きたいのか。「意地悪な人がいてムカつく」なら、どんな職場ならそれが解決できそうか考えてみてね。同時に、今の仕事で比較的苦にならないことも考えてみよう。「エクセルの操作は苦にならない」など。

そうやって、自分の希望を把握した上で仕事に向き合ってみるのです。**エクセルの操作が苦にならない人だったら、その仕事に力を入れてやってみましょう。**それ以外の仕事にもきちんと取り組みながら、上司に「エクセルの仕事を増やしてほしい」とアピールしてみてね。大事なのは「エクセル以外の仕事は嫌です」と言うのではなく、「他の仕事よりエクセルのほうがうまくできるみたいです」と前向きに伝えること。

最初は「仕事選んでるな」って思われたとしても、エクセルの仕事でいい成果を出せば、あなたにその仕事が多く回ってくるようになり、あなたは「好きな仕事で結果を出せる人」になるので、昇進や転職のチャンスも巡ってくるかもしれません。

まとめ

自分が仕事や職場に求めることを紙に書くと、自分の希望が見えてきます。今の仕事の中でも好きな分野を伸ばしていくと、だんだんと自分の理想の働き方に近づけます。

仕事選びは収入だけでなく、ストレスとのバランスも考える

転職する際は、給料やボーナスだけを見ないことが大切です。もちろん収入金額は大切だけど、**いくら給料がよくても、結局自分に合わない職場や仕事内容ではまたストレスを抱えることになってしまいます。**守護様も元人間だから、お金のことをよく知っています。そして、**「お金は大事だけど、お金を一番に考えてしまうと、その分失うものがあるよ」**とあなたに伝えたがっています。

大事なのは、お金と仕事で受けるストレスのバランスを考えることです。

例えば、30万円の報酬をもらえるけどストレスまみれの職場なら、お金がもらえても休日ぐったりで、体調を崩して休業したら、結局お金もマイナスになってしまうかもしれないよね。それより20万円の報酬だけど、気持ちよく毎日仕事ができる職場のほうが、毎日楽しいし、結果的に休日も元気にリフレッシュできていいかもしれません。

うちらもＹｏｕＴｕｂｅ配信を始めて、今はそれがメインの仕事になっているけど、収入は安定しないので不安もあります。未来のために、**会社の仕事と配信を両立することも考えたけど、会社生活に未来を見出せなかったし、体を壊すリスクも考えて、思い切って会社を辞めました。**それで配信を無我夢中で頑張っていたら、収入は会社の仕事をしていた時よりも、はるかによくなりました。それまでは激務で２、３時間しか寝られなかったのが、以前よりは多少長く眠ることができています。

人の評価を受けて収入が上下する仕事なので、今も不安がないわけではありません。思っていたより、動画の文字起こしとか編集は手間がかかってきついしね。でも今は仕事で苦手な人と関わらなくて済むし、出勤しなくていいし、応援してくれる人との交流を楽しめる今の仕事を気に入っています。

まとめ

転職活動において、仕事内容や職場環境よりも収入の多さを優先させるとストレスになって、また転職することになるかもしれません。大事なのは、収入と仕事で受けるストレスのバランスを考えることです。

やりたいことの本質を捉えて、働き方を自由に選ぶ

就職や転職の時に、仕事の世間体のよさ、体裁のよさを優先して選ぶのはリスクが高いです。自分がやりたいことの本質を見失うことになるからです。

小学校の先生から実際にあった相談です。彼は臨時採用で公立小学校の担任持ちの教師として忙しい日々を送る中、上司からのパワハラを受けて落ち込む日々が続き、心療内科を受診したところ、うつと診断されて休職。その後、別の学校でまた臨時採用の教師として働き始めましたが、本当は本採用で働きたい、収入が安定しない、と悩んでいました。

公立の学校の教師として本採用されるには、もちろん実力も大事だけどタイミングもあるから、頑張っても採用されるとは限りません。それに、このまま本採用になってやっていける自信があるかも考えなくてはならないよね。上司からのパワハラや激

務という原因があったにせよ、いったんうつで休職していると、本採用は難しいかもしれない。採用する人によっては、「パワハラくらいで辞めちゃうの?」とみなされるかもしれないよね。採用されたところで、昭和の時代に頑張ってきたベテラン教師からもそう思われてなめられるかもしれません。

大事なのは、仕事に求める本質が何かを見極めること。本採用されたいなら別の仕事でもいいし、教育の仕事がしたいなら教育系の起業をしてもいいわけだよね。例えば、動画で教育コンテンツを発信して、サブスクで収入を得るなどもありだと思います。**教師になりたくて頑張って、教員免許を取れたことは胸を張っていいことだと思う。でもそこにしがみついて教師として本採用されることにこだわっていると、本質を見失います。**昔は安定企業で働いている人や、公務員は退職金をもらえたけど、これからはわかりません。やりたいことの本質を見極めながら、働き方を模索しよう。

まとめ

正社員とか安定企業で働くことにこだわっていると、仕事に求める本質は何かを見失います。仕事内容や働き方など、自分が何を優先するのかを見極めましょう。

起業、投資、宗教……美味しい話に乗らないために

今の仕事を辞めて、起業したいと考えている人もいると思います。資金を払えば起業のノウハウが得られて準備もしてもらえて楽に開業できるような、一見よさげに聞こえる起業話もありますね。

うちの知り合いの男性は、長年勤めた会社を辞めて、それまで貯めた４００万円を払ってそのような起業話に契約しました。でも思うように従業員が集まらず、規約違反で罰金を取られ、さらに自分が働きすぎて営業ができなくなると契約違反で数千万円の賠償金も請求され、苦しんだ挙げ句に自ら命を絶ったのです。

起業する前に、その道に詳しいプロに相談したり、ノウハウを聞くのはいいと思いますが、**全部お膳立てしてもらえて、利益がきちんと出るような仕事はありません。**必ず自分でその業界について勉強をして、やれると判断した上で行動するべきです。

うちのところには、投資や宗教の勧誘に乗って多額のお金を取られた人からの相談もよくあります。起業の話にしても、投資や宗教にしても、騙されないためには**即断即決をしない、サインをしない、身分証明書を出さないこと。大きな利息や配当は不審に思うこと。また、「今なら」とか、「特別に」なども注意したほうがいいワードの1つです。**

何か重要な契約をする前には、必ず守護様に「この話、本当に大丈夫？」って聞いてみてくださいね。そうした時点で本当は自分だって違和感を感じているはずだから。

甘言《かんげん》悪に尽きる。時代が変わろうが変わらない。甘い言葉には裏があることが多いと、守護様と話すことがよくあります。

自分で納得いくまで調べてから契約をして、その結果失敗したら、自分のせいだと諦めること。そして、その失敗を次の経験に活かすことも大切です。

まとめ

契約は即断即決しない、サインしない、身分証明書を出さないことが大切。納得がいくまで調べて判断し、失敗しても、自分のせいだと思う覚悟を持つことです。

貯金ナシでも生き抜くには、人間関係を充実させる

うちはいろいろな年代の方の相談を受けているけど、とくに50歳を超えると、急に自分や友の死とか、親の介護とかで未来が心配になるという声も多いです。転職しても失敗すると詰んでしまう年齢だと思って、攻めるよりも守りに入る人が多いと思います。

老後は国をあてにしないで、なるべく早いうちから自分で備えることが大事です。ただし、今貯金がなくて心配に思っている人も多いと思います。

その場合、少しでも貯金しておくことは大事ですが、もう1つおすすめなのは、人間関係を充実させることです。

例えば、辛いことがあって落ち込んでいる時に話を聞いてもらったり、災害時や病

気や怪我をした時などに助けてもらえるような人間関係を築いておくことは、いざという時の備えになります。人間、生き抜くためにはやっぱり人とつながっていたほうがいいんです。普段は一人でいることが好きだという人だって、自分がピンチに陥った時には、助けてくれる人がいたほうがいいに決まっています。**守護様もあなたを見守りながら、できれば周囲の人にもあなたを助けてほしいと願っているんだよ。**

人間関係を充実させるメリットは、困った時に助けてもらえることだけではありません。ある程度の年齢になると、同世代で成功している人もちらほら出てくると思います。そういう人と仲良くなっておくと、**仕事を紹介してもらったり、お金を稼げるヒントをもらえたりして、明るい道が開けてくることもあるかもしれません。**

いきなり交友関係を広げると言っても、どうしたらいいのかわからない人もいるかもしれないね。まずは、近所の人に挨拶するところから始めてみましょう。

あとは身近な人に、たくさんもらった野菜をおすそわけしてみるとか、おすすめの化粧品を教えてあげるとか、ちょっとしたことでもいいから相手の役に立つことをしていれば、自分が困った時には助けてもらえるかもしれません。

人間関係を充実させるには、挨拶をきちんとしたり、周囲の人にとって役立つことをしてあげること。ポイントは見返りを求めず、相手に期待せずにやること。仲良くなれると思える人ができたら、相手に自分の素を出してみることも大切です。お互いにいいところも悪いところも受け入れることで、親友になれることも。

ただし、見返りを求めずにやること。助けてもらえて当然と思っていると、期待が裏切られた時に気持ちが揺れてしまうよね。期待せずに、相手のために何かをする。そういう機会を増やしておくと、いざという時に助けてもらえる可能性は広がるよね。

仲良くなれると思う人がいたら、相手に自分の素を出してみること。愚痴を聞いてもらったり、悩みを相談したり、いいところも悪いところも見てもらった上で、付き合いが続いていくなら、親友と呼べる仲になれるかもしれません。もちろん、親友なら、あなたも相手のいいところも悪いところも受け入れてあげることが必要です。

人と仲良くなる上で気をつけたいのは、相手の行動や会話に違和感がある場合は、深入りしないほうがいいということです。例えば、相手のお金使いが荒いのが気になると思っていたのにスルーしていたら、のちにお金のトラブルに巻き込まれてしまう可能性もあるかもしれません。**少しでも違和感がある時は、守護様からのメッセージなので、無視しないでしっかり心にとどめておこうね。**

その人に対して一度違和感とか嫌悪感があったら、またそれに似たようなことは起きると思って、それが妥協できるレベルなのかどうかを自分でちゃんと感じ取ること。一度は見過ごせても、何度も積み重なったら我慢できなくなることもあるから要注意です。

まとめ

未来が心配な人は、人間関係を充実させましょう。見返りを求めず人のためになることをすれば、助けてもらえたり、道が開ける可能性が高まります。なんでも話せる親友を作れれば理想的。ただし違和感を感じる相手との付き合いは慎重に。

家族やパートナーへの期待は手放して楽になろう

老後もなるべく平穏な人生を送りたいと考えるなら、家族関係もよくするといいですよ。例えば、自分が体調を崩してもパートナーが働いてくれるとか、動けなくなった時に子どもが家事をやってくれるなど、いざという時に助けてもらえます。

「夫の給料が低い」「パートナーが家事をやってくれない」「子どもの態度が悪い」なんて不満を持つ人も多いけど、相手に期待しているから怒りが湧いてくるんだよね。相手に期待しても、その通りにならないことがほとんどだと思う。ならばあらかじめ「夫が家事をしてくれるはずがない」「やってくれたらラッキー」くらいに**自分の期待値を下げておいたほうが、気楽に過ごせるし、相手との関係性も崩さずに済むよね。**

守護様は、あなたに「損得で考えてない？」って聞いているよ。相手に期待するの

は、損得で考えて、見返りを求めているからではないかな。例えば、「私がこんなに家事をやっているんだから、夫にも手伝ってほしい」とかね。まずはそこに気づいて、「損してる」「大変」と思いながらではなく、家族や自分が快適に暮らすために家事をしてみたらどうだろう。思いやりを込めて家事をするあなたを見て、家族も素直に「手伝おうかな」と思ってくれるかもしれません。でも、あくまでそこに期待するのはＮＧです。

逆に家族から期待されて「料理がまずい」などの文句を言われている人は、「それならあなたに任せた！」とバトンタッチしてしまえばいい。やり方も教えてあげて、うまくできたら褒めれば、また作ってくれるかもしれません。作りたがらなければ、「文句を言わずに食べろ！」と言えばいいだけです。あるいは文句を言われたことをきっかけに、自分の料理スキルを上げる訓練をしてもいい。うちは元料理人の経験を活かして、ＹｏｕＴｕｂｅでも料理動画を配信することもあり、簡単に美味しくできると評判なので、よかったら見てね。美味しいものを食べようと思ったら、楽したらダメ。せっかく手に入れた食材と丁寧に向き合って、心を込めて料理することが大事だよ。

そうは言っても、やっぱり家族に変わってほしいと願っている人も多いと思います。でも**「三つ子の魂百まで」とも言うし、基本的にその人の性格は変わりません。とくに傲慢な人は、大人になればなるほど余計に傲慢になって、頭を下げる、折れることができなくなります。**そういう家族に対して辟易《へきえき》している人も多いと思います。

我慢できるレベルなら、相手が変わってくれることを期待しないこと。でも我慢しすぎるとうつになってしまうから、どうしても無理なことは、ちゃんと相手に伝えたほうがいいよね。重要なのは、冷静になって、相手の性格に合わせて伝えること。興奮して文句をぶちまけたら、かえって逆効果だからね。

とくに家族の暴言や暴力は見過ごせないと思います。

暴言を吐く相手は興奮しているので、冷静に「今私が言われたのはこういうことです」と前置きした上で、相手と同じことを言ってみる。それで相手が文句を言ったら、「今あなたが怒ったように、私は怒っているんだよ」とはっきりと伝えよう。

暴言を言われてそのままにしていたら、相手はあなたには言ってもいいと思って、どんどん調子に乗ってしまうから注意です。暴力を振るわれたら、やり返す。しかし、それでは何も変わらず、状況をむしろ悪化させてしまうこともあります。できることなら、専門機関に相談してみるとか、別居する、警察に届けるなど、早めに対応してください。

暴言や暴力のほか、借金癖や酒癖の悪さなどは、家族がやめてと言っても直らないことも多く、結局、本人が痛い目を見て変わろうと思うのを待つしかないこともあります。うちに相談してきたある母子家庭のお母さんは、娘の万引き癖に困っていました。最初は生活が大変だからと食品などを盗んでいたんだけど、だんだんとスリルを味わいたくて、いろんなものを盗むようになったんです。ある時、お店に通報されて逮捕されたんだけど、刑務所に入って、もっと重い犯罪を犯した人たちの中で相当揉《も》まれたら、やっと反省して、出所後は真面目に働いて、結婚もしたそうです。

まとめ

家族の我慢ならない言動は、冷静になって、相手の性格に合わせて伝えましょう。興奮して文句を言わないこと。手に負えない場合は専門機関などに相談を。

子育ては、答えを教えるより自分で考えさせる

うちのところには、「子どもにいい大学に入ってほしいのに勉強しない」とか、「習い事をさせたいのに嫌がる」など、子育てに悩む人からの相談も多くあります。うちは子どもはいないんだけど、人の前世を見たり、周りの子育て中の人たちのいろいろなケースを見聞きしたりして実感していることを、いつもお伝えしているよ。

まず、子どもにあれもさせたい、これもさせたい、と思ったら、胸に手を当てて深呼吸してみて。守護様があなたの手に手を重ねて、気持ちを落ち着かせてくれます。落ち着いたら、読み進めてね。

うちは子育てで大事なのは、親から勉強や習い事などを押し付けるのではなく、子どもが何をしたいのかを見極めてあげることだと思います。普段会話したり、子ども

がしているゲームや見ているアニメなどから、子どもがどんなことに興味を持っているかがわかるよね。そうしたら、それに関連するような体験をさせるといいと思います。例えば、アニメが好きな子なら映画やイベントに連れていったり、スポーツが好きな子ならスポーツ観戦に行ったり、実際にそのスポーツをやらせてあげるのもいいよね。

親が「これをしなさい」って決めつけるのではなく、子ども自身が興味のあるいろいろなことに挑戦させてあげたほうが、楽しく視野を広げられて、結果的にそれが将来の仕事や趣味につながっていくと思います。

子どものうちから、自分で考えさせることも大切です。計算でもクイズでも、最初から答えを教えてしまえば「はいそうですか」で終わってしまう。本人に考えさせて、答えを導き出させないと身になりません。

だから子どもに何か聞かれたら「どうしたらいいと思う？」と逆に聞いてみたらどうかな。初めは考え込んで、試行錯誤をする。わからないと投げ出すかもしれない。考えることが難しいなら、やり方を教えるために、いったん見せるのも手です。計算などを解いてみせながら、やり方を教えた上で、他の課題を与えてみてください。自分でやってみて、できれば喜びになるし、できなかったらまた聞いてくる。それが親子のコミュニケーションになるし、子どもの技術が身に付くことにつながります。

なかなかできなかったり、間違ったり失敗したりして、凹《へこ》むのもいいと思います。公園の砂場で遊ぶのを禁じられた子は免疫がつかなくて、病気になりやすくなると聞きます。子どものうちに駆け回って遊んだことがない子は、大人になっても走り方がわからず、転んで大怪我をするかもしれません。

子どものうちにいろいろ経験させて、時には失敗もさせることによって、大人になってからも役立つ学びが必ず得られます。

「自分は優秀なのに、子どもはそれに似ていない」と悩む人もいます。そもそも**子どもが親から遺伝で受け継ぐのは見た目、体質、なりやすい病気などで、性格、考え方、習慣は遺伝しないと思います。**

ある程度親に性格や行動が似ている場合もありますが、それは遺伝というよりたまたまか、親を真似すると安心するからそうなっているだけです。とくに子どものうちは、目の前の親がそういう性格で生き延びているのを見ているので、自分もそれをすれば生きやすいと思って真似するんです。でも成長して、物心つくうちに、「やっぱり親の行動はおかしい」「あんな性格にはなりたくない」と自我が芽生えて、本来の自分、地を出していくことになります。

親と同じようにはならないので、期待しないことも大切です。

もし子どもが望まないことを押し付けて、自分と似たような道を無理やり歩ませたとしても、必ず歪みが現れます。自分で考えて行動できるように育てましょう。

まとめ

子どもには勉強や習い事などを押し付けるのではなく、子どもが何をしたいのかを察して、それに挑戦させて、視野を広げてあげること。何か聞かれたら、答えをただ教えるのではなく、子ども自身に考えさせることも大切です。

子どもにもっと勉強してほしいと思ったら

子どもに勉強させたいなら、なぜする必要があるのか説明をしましょう。今その子に目的がないなら、「どんな仕事をするにもある程度の勉強は必要。目標が決まっていなくても、とりあえず一生懸命に勉強しておけば、将来その勉強が役立つ可能性はある。やりたいことが見つかった時に、慌てて勉強する必要がないよね」と教えてあげるといいと思います。以前、相談してきた人の中学生の息子さんは、学力が高いのに、受験勉強にやる気を見出せずにいました。その子にも先の話をしたところ、東大を目指して勉強し、途中で宮大工になるという夢ができました。受験勉強で空間的センスや数学的センスも身に付けていたので、仕事にもきっと役立つと思います。

子どもにやる気を出させるヒントとして、ある人の前世を見た時の話も紹介しますね。その人は前世で数千年前のある国の貴族として生きていました。貴族たちはみんな奴隷に働かせて、自分たちは暇していたんです。そんな中、ある貴族が思いついたのが「ほかの貴族を出し抜いてもっと金儲けしよう」ということ。彼は勉強をして、体力のある奴隷は鉱山に行かせ、頭のいい奴隷には計算させて効率的に奴隷を働かせ、利益を上げました。その噂が広まり、貴族の間では勉強がブームになりました。

「勉強しても役に立たない」と言う子には、この貴族の話をして「勉強すると、人より稼げたり出世したりするかもよ」と教えてみては。**お金や出世がすべてではないけど、子どものうちは、人に勝ちたい気持ちがやる気につながることもあります。**現実的には、未来の選択肢を増やすためとも言えますね。

何を言ってもやる気が出ない子は、放置しても。実際に、親があえて放置した女の子は、そのうち周りの子たちが進学の話をし始めると話が合わなくなり、危機感から必死に勉強し始めました。荒療治なので、全員の子におすすめはしませんけどね。

まとめ

子どもに勉強させたいなら、「夢が見つかった時に慌てて勉強せずに済む」「他の人より稼げるかも」など、その子の性格に合わせて、勉強する理由を説明しましょう。

反抗期の予防と対策はぬくもりを伝えること

うちのところには、子どもの反抗期に悩む親からの相談も多いです。反抗期の子は、同じことを何度注意されてもムキになって反抗します。たまに**反抗期がない子もいるけど、そういう子は、世の中の理屈を悟るスピードが速いのだと思います。**何かを注意されたとして、最初はカッとなったとしても、同じことがまたあった時に、原因は自分にあったと理解して、いちいち反抗することがなくなります。

反抗期を予防するには、愛を伝えること。一番いいのは、抱きしめてぬくもりを伝えることだと思います。数学でもなんでも、基礎がわからなければどれだけ勉強しても理解できません。愛も、いくら言葉で言われても理解できないと思います。**ぬくもりや鼓動を感じさせてもらったほうが、ダイレクトに感じられるよね。**

海外に比べて日本人は抱きしめるとか、手をつなぐなどのことが恥ずかしいと思う人も多くて、身近な人とのスキンシップがないがしろにされがちだと思います。

だけど抱きしめられるって、とても安心感があって心地よいこと。試しに**今、自分の両手で自分をぎゅっと抱きしめてみて。そこに守護様の手が重なって、あなたを抱きしめて、ぬくもりを伝えてくれるよ。どう？　心地よくなったよね。**

そのぬくもりを、子どもにも抱きしめて伝えてあげよう。それが難しいなら、頭を撫《な》でてあげるのでもいい。言葉よりスキンシップで伝わるものは大きいと思います。

子どもの反抗期を、親自身があまり深刻に捉えないことも大切です。「うちの子は反抗期で大変」と思えば思うほどに、呪いのように深刻な状況を作り出してしまうからです。親自身が毎日を楽しむ努力をしましょう。前向きに人生を楽しむ親の姿を見せていくことも、子育てには大切だと思います。

まとめ

親が子どもに愛を伝えるには、抱きしめることが一番。反抗期の子に対しては深刻に捉えすぎず、親自身が楽しんで生きる姿を見せることも大切です。

引きこもりの子どもの人生を棒に振らせないために

子どもが引きこもりになって、悩んでいる親も多いですよね。厳しい言い方をすれば、うちは引きこもりの子はどこか甘えがあるんじゃないかとも思うんです。

すべての引きこもりの子がそうだとは言わないけど、大体の子は、**働かずにただ家にいても、親にすべてフォローしてもらえるから、本人は引きこもっていられるわけだよね。**

対人恐怖症だから働けないなら、人と関わらない仕事を見つければいい。なんだかんだ理由をつけて働かないでいても、**親が元気で面倒を見てくれているうちはいいけど、親が病気になったり、亡くなってから困るのは子ども自身です。**

守護様に「この子はこのままだと10年後、20年後、30年後にはどうなっているかし

ら?」とたずねてみてね。きっとわが子の悲惨な姿が浮かぶと思います。本人にも危機感を持たせることが大切です。

いかに人に頼って生活をしているかを理解する必要があるため、周りの家族が当たり前と思ってやってあげていることを、少しずつやめていくことも手だと思います。周りも覚悟を持ち、少し距離を置くことも考えねばなりません。


ある引きこもりの子の親から相談を受けた時の話です。

その子を霊視しようとすると「俺の何がわかるんじゃ!」とキレられ、さんざん物をぶん投げられましたが、落ち着いた後に話をしました。

「今は親がなんでもやってくれるけど、親が亡くなったらどうするの?」と聞くと、その子は「家を売ればいい」と言いました。

「でもそのお金だってすぐに出ていってしまうよね。そしたら路上で生活するの?」と突き詰めて聞いていくと、だんだんと黙ってしまいました。

今はよくても、そのままだと地獄を見ることになる。

リアリティを持ってそういう話をしていかないと、自分がやばい状況にあることに気づけないいんだよね。

その子にはこうも伝えました。

「うちだって1日中家にいてゲームしたり、ゴロゴロしたいと思うけど、それでは生活できないから働いている。好きなことを仕事にできる人もいるけど、それができる人は本当に少ない。お金を稼ぐのは面倒くさいけど、誰しもそれは一緒。だからちゃんと働いて、自分が生活できるくらいのお金は稼ごうよ。できれば友達も作ったほうがいい。そして**自分からは絶対に相手を裏切るな。そうすれば自然と仲間が増えていって、いざという時に助けてもらえるよ**」と。

親からの話によると、その子はうちと会った後も半年くらいは引きこもっていたけど、**それからバイトに行くようになって、そこでお客さんと話すようになったら、コミュニケーションを覚えたようで、だんだんと家での態度も改善していったようでした。**

親は子どもを甘やかしているうちに、子ども自身の人生を棒に振ってしまうこともあります。

人生は長いようで短いもの。その短い人生のうち何年も引きこもっていたらもったいないですよね。

限りある人生を子どもが、全力で生き切ることができるよう、ときには厳しく対応することも大切です。

子どものことばかりにとらわれず、親自身が自分の人生を楽しむために行動して、視野を広げていくことも大切ですよ。

まとめ

引きこもりの原因は甘えであることも多いものです。親が元気で面倒を見てくれているうちは問題なくても、親が病気になったり、亡くなったりしてから困るのは子ども自身です。思い切ってサポートするのをやめたり、必要があれば第三者に頼んで、このままでは未来がないという話をしてもらったりなどして、本人に危機感を持たせること。本人の人生の時間を無駄にしないよう、自立を促すようにしましょう。

いじめられて辛い人が立ち上がるために必要なこと

子どもでも大人でも、人をいじめる人というのは、自分の立場を確立したいという思いが強い人だと思います。そのために、自分より劣っていると感じる人を面白半分にいじめて、ありもしない自分の強さを確信したいだけなんです。

今あなたが学生なら、どうせこの後で進学したり社会人になったりして、その人とは離れることになります。大人になって、同窓会で会っても知らん顔をするか、笑ってごまかすか、「あの時はごめん」としれっと謝ってくるかもしれません。そんな人に、あなたの大切な人生の時間を与える必要はないんだよ。

あなたの守護様にも聞いてみて。きっとあなたに、その人のせいで泣いたり、ウジ

ウジしたりするのは時間の無駄だと言ってくるはずだよ。よりよい未来のために自分磨きをしたほうがいいよね。筋トレとかオシャレとかね。

実際に、中学校でいじめられているという子から相談された時の話です。その子はいじめのせいで、学校には行きたくないと話していたんだけど、**今の日本では義務教育だけは受けないと後々苦労することになる。できれば高校、大学まで出たら社会的な信頼も得やすい。**だからその子には、せめて高校までは出たほうがいいよと伝えました。その子はアニメを見るのが好きだということだったので、いじめてくる相手のことを考えてしまう時には、アニメを見て気持ちを切り替えるように勧めました。そして声優を目指すとか、アニメーターを目指すなど、好きなことに関連した目標を持つことも強く勧めました。すると、その子は「頑張ってとりあえず中学校までは出ます」と言ってくれて、その後、定時制高校に入学したと連絡がありました。

あなたがどうしても怖くて学校に行きたくないなら、無理に行く必要はないと思います。今は通信制の学校も増えているし、経済的にゆとりのある家庭なら、海外とか、自然豊かな場所の学校に転校するなどの手もあります。

あなたの守護様が絶対にしてほしくないと思うのは、あなたが自死することです。

実際、自死した人の幽霊は、必ずみんな「するんじゃなかった」と後悔しています。人生から逃げて肉体を失っても、魂は死ねないので、延々とさまようことになるからです。そうなると人間に関わることもできず、話しかけてくるのは悪霊だけ。仲間を増やそうと話しかけてくる悪霊にそそのかされて、人の魂を食べて自らも悪霊となり、二度と転生できなくなる、ということもあります。

死ぬくらいの思いがあるなら、なんでもできるはず。自分が変わることを考えましょう。 いじめられがちな人は、不安そうな波動が出ているから、いじめる人は敏感にそれをキャッチして、いじめてくるんです。

いじめられないようにするには、自信を持つこと。人には負けない得意なものを見つけることです。 まずは、好きなものに関連することで目標を持って努力してみましょう。ゲームが好きなら、オンラインの大会に出て3位以内に入ってみるとかね。

目標に向かって、やることをやって、失敗してもその結果から学んで、また前に進むこと。そうやって得意なことを見つけてだんだんと自信を持てるようになると、あなたのふるまいも自然と変わるから、もういじめのターゲットにならなくなります。

あと、いじめられた経験は、意識の持ち方次第で糧にすることができます。いじめてくる人に対しては、私はこうならないという反面教師にすることで視野が広がります。いじめられて痛みを知ったから、人を助けてあげようという思いやりの心も育つと思います。

望まなかった経験も、そこから学ぶことで人生の宝物になるんです。いじめられた経験をただ悔やむのではなく、今後の人生に役立ててください。

まとめ

いじめでウジウジする時間はもったいないので、気持ちを切り替えること。目標を持って努力すれば、自信を持てるようになり、いじめのターゲットにされなくなります。自死をしても楽にはならず、亡くなった後で絶対に後悔するのでやめましょう。

どうしても苦手な人と運命の糸を断ち切るために

生きていれば、誰かに対して怒りを感じることは誰にでもあります。

でも、その人に対していつまでも怒っていたり、不幸になってほしいと願ったりしているのは、相手に時間を費やしていることで、自分の時間がもったいないよね。

よく言われる「運命の糸」というのは本当にあって、恋人同士がつながるものというイメージがあるかもしれないけど、それだけではありません。

相手を好きだろうが、嫌いだろうが、誰とでも運命の糸はつながる可能性があります。すれ違うだけでも運命の糸はつながり、その後会わなければ糸は切れますが、二度、三度と会っているうちに糸は太くなります。その人のことを考えたり、会ったりしている回数が増えるほどに糸は太く、強くなっていくんです。

相手に対して、怒ったり嫌いだなと思ったりし続けていると、「運命の糸」はどんどん太くなって、その人との関係がより強固なものになります。つまり縁が強くなるので、余計にその人のことが気にかかるようになってしまうんです。嫌いな人とやたらと道で会うとか、距離を置きたいタイプの人がいつもそばにいるというのは、実はあなたの思いが強いことが原因なんです。

なので、相手への嫌悪感を手放してみましょう。

目を閉じて、頭の中で嫌なことや人物を思い浮かべてください。それを大きなゴミ箱へ放り込むイメージをしてください。「守護様、それを遠くに捨ててきて」とお願いしてみてください。

そして、「守護様、ありがとう」と必ず感謝の言葉を述べてくださいね。また、相手への嫌悪感が出てくるたびに繰り返しやってみると、だんだんその人との運命の糸は細くなっていき、やがてその人とは全く接点がなくなっていきます。

苦手な人のことを考えてしまって辛い時は、好きなことをして気分を切り替えましょう。好きなアニメやお笑いを見たり、ゲームをしたり、手芸をしたりなど、趣味に没頭することで、相手のことはどうでもよくなっていきます。どうしても顔を合わせなければいけない相手の場合は、相手に変わってほしいと期待しないことも大切です。

もう1つ、相手のことを考えすぎてしまって辛い時は、好きなことをしましょう。

アニメを見たり、ゲームをしたり、手芸をしたり、本を読んだりなどの趣味に没頭できれば、相手のことはどうでもよくなっていきますから。

相手が職場の同僚などで、どうしても顔を合わせなくてはならない場合は、相手に期待しないことも大切です。

例えば、部下に対して、自分と同じように仕事をしてほしいと期待していると、できなかった場合に怒りがこみあげてくるよね。

もちろん、部下が横着していた上での

失敗なら怒って当然だけど、一生懸命に取り組んだ上での失敗に対しては、怒るよりも上手に指示ができなかった自分の戒めとしましょう。誰でも失敗はするものです。

人に何かを頼んだり、人と一緒に何かをする時には、あらかじめ失敗することも想定しておくことが大切です。実際に失敗しても、頼んだ自分が悪いと思えば、諦めがつくし、感情的にならずに済みます。これは仕事に限らず、子育て、パートナーシップ、友達関係にも言えることだよね。

人それぞれで常識が違う、ということも頭に入れておきましょう。

自分の常識は他人にとっての非常識だと理解して、人が思い通りにならなくても怒らず、根に持たないこと。変わってくれることを期待しないことが大切です。

まとめ

相手に怒りや嫌悪感を繰り返し感じていると、運命の糸が太くなり、余計に距離が近づいてしまいます。頭の中にある相手への嫌悪感を手放す意識を持ちましょう。趣味などに没頭して、相手のことを考えないようにすることも大切です。

自分の嫉妬心を認めれば劇的な成長につながる

人に対して嫉妬する人というのは、自己評価が低く、自分の限界を決めてしまっている人だとうちは思います。例えば、年齢を重ねても努力している美魔女の人を見て、「あの人素敵だな」「自分もあんなふうになりたい」と努力しようとする人は、自分の可能性を信じていると言えるよね。

そうではなく、本当は羨ましいのに「いい年をしてみっともない」とか、「見た目ばかりにお金をかけてバカみたい」などと妬《ねた》むのは、自分は努力する気がなかったり、自分の可能性を信じていない証拠だと思います。

嫉妬はいじめにも発展します。妬んでいる相手よりも優位に立ちたいから、その人の悪口を周囲の人に言ったり、あることないこと噂を広めてグループで陥れようとしたりするんだよね。

もしあなたが他人に嫉妬しているという自覚があるなら、もっと自分の魅力に気づいてください。妬んでいる相手よりも、**あなた自身が輝ける魅力の原石は絶対にあるはず。あなたの守護様も、あなたがそれに気づいて自分を磨いてくれることを心から願っていますよ。**

嫉妬心を向上心に変えることで、人は輝いていけるんです。

まずは自分を認めてあげましょう。外見でも内面でも、いいところと悪いところを客観的に見つめて、認めるのです。そうした上で、自分が本当はどんなふうに輝きたいのかを考え、目標も立てましょう。痩せたいならダイエットをする、仕事がもっとできるようになりたいなら勉強をすればいいんです。そうやって自分の魅力を磨くために努力しているうちに、相手のことは気にならなくなるし、どんどん魅力や能力が上がって、自分らしく、輝いた人生を歩んでいけるようになりますよ。

まとめ

嫉妬心は自分の可能性を自ら狭めてしまいます。その気持ちを向上心に変え、目標に向けて努力しましょう。魅力や能力が増し、自分らしく輝けるようになります。

大人はただの欲と罪な欲の違いを見極めて行動する

序章にも書いたけど、人間は亡くなった後、成仏すると魂となってあの世に行き、一定の期間を経て、ほとんどの魂がまた地球に転生します。地球外に生きる生命体もいる中で、地球に生まれる魂の特徴は、実は「欲が深いこと」なんです。

欲は必ずしも悪いものではなく、生きる上で必要なものなので、それが悪いとは言いません。食欲がないと、食べなければ死んでしまいますしね。

罪のある欲については、亡くなった後であの世に行く道で地獄を見ることになるので、行動に移さないほうがいいと思います。例えば、病気でカロリー制限をしなければならない人が、油っぽいラーメンを食べる時。「食べたい！」という純粋な欲から食べるのはいいけど、「どうせ病気だし、自分の体なんて壊れてしまえばいい！」と自暴自棄になって食べるのは、自分を痛めつけたいという罪のある欲だからやめたほうがいいです。他にもいろんな欲はあるけど、すべての欲やそれによる行動が悪いというわけではなく、その背景に罪があるかどうかだと思います。

うちは大人というのは、自分のした行動に責任が持てる人のことだと思います。自分が何かをした結果、何が起きても受け入れて、後始末をちゃんとできる人です。

今あなたにしたいことがあって、それをしたらいいか迷う時は、**守護様に「これは単なる欲か、罪のある欲か、どちらでしょう」と聞いてみよう。罪のある欲なら行動に移さないほうが無難。**罪のある欲は一瞬躊躇《ちゅうちょ》します。**どうしても行動するなら、その結果がどんなものであれ、自分で責任を取る覚悟を持ちましょう。**

まとめ

地球に生まれる人は、よくも悪くも欲が深い傾向にあります。罪に絡んだ欲は抑えたほうが無難。大人なら、欲で動く時は自分で責任を取る覚悟を持ちましょう。

病気が辛いのが、呪いや霊のせいだと思ったら

自分や身内が重い病気を抱えていたり、トラブル続きだったりすると、「うちの一家は呪われているのかも」とか、「霊の仕業」など霊的な原因だと捉える人もいると思います。

うちのところにもそう考えている人からの相談は多いのですが、**実際に呪いや霊が原因で病気になっているケースは200~300件に1件くらいと少ないものです。なので、なんでもかんでも呪いや霊のせいにしないことが大切です。**

呪いや霊のせいにしていると、何か悪いことが起こった時に「やっぱりうちの家系は呪われているんだ」と確信を持ってしまい、気分が落ち込んで波動が低くなり、トラブルをどんどん引き寄せてしまいます。自分で自分に呪いをかけることになってし

まうんです。

遺伝の病気は、必然的になることもあります。また、遺伝的に関係なく、偶然的に発症するケースも多くあると思います。生活習慣の乱れやストレスなどで免疫が落ちてなることもあるのでしょう。

免疫力を上げるには、なるべくストレスを溜め込まないこと。口角を上げて笑顔を作ることでも、免疫細胞が活性化すると言われています。免疫細胞は自律神経のバランスをよくすることで活性化しますので、**規則正しい生活習慣を心がけることも大切です。**

家族が不摂生をしている場合はつい注意したくなりますが、それより自分が規則正しく健康的に過ごすこと。それを見て家族もいい影響を受けてくれるといいですが、そうならないこともあります。

生活習慣は、本人が痛い目を見ないと改まらないことも多いので、家族は期待せず、自分の健康を保つことに集中したほうがいいと思います。

自分が病気を抱えている場合は、本人が心を強く持ってください。辛くて自暴自棄

になったり、命を終わらせることを考えたりしてはダメですよ。

自死した人の幽霊は、全員が後悔しています。死んでも魂は終わりではないから、苦しみを抱えたままさまよい続けることになるからです。辛くても、かすかな希望を信じて、病気と向き合えたらいいですよね。

うちの親友で、大腸ガンのステージ4になったけど、前向きに治療に取り組んで、半年で腫瘍も半分に縮み、経過も順調で、このままいけば寛解、ゆくゆくは完治するのも夢ではない人がいます。

病気の家族がいるという人も、心配だと思いますが、治るという希望を本人に持たせてあげることが大切だと思います。とくに子どもの場合は、親が取り乱したり、落ち込んだりしていては、子どもは絶望します。しんどいですが、前向きに取り組む姿勢を見せてあげてください。

治療法を一緒に考えるのはいいと思いますが、本人が大人の場合は、決めるのはあくまでも本人です。**治る確率が高い治療法でも、本人がいやいや治療を受けると成功**

する確率はぐんと下がります。

うちも腎臓が悪くて、いろいろな治療法を教えてもらうことも多いんだけど、自分で調べて納得のいかないものは絶対にやりません。西洋医学、東洋医学、民間療法など、世の中にはさまざまな治療法がありますが、自分が徹底的に調べて信じられる方法があれば、自分の責任でやってみてもいいとは思います。

現代医療では治らないとされる病気の場合でも、周囲や本人もあきらめてはなりません。「病は気から」と言うように、余計に悪化してしまいます。

また、**医療は日々進化していますから、難病とされている病気でも、将来的には治る可能性もあるかもしれません。希望を失わないことが大切です。**

まとめ

病気の原因が呪いや霊であることはごく稀なので、希望を持って治療に努めましょう。
病気の予防には規則正しい生活習慣と、ストレスを溜めないことも大切です。

大災害や死への恐怖から解放されて生きるには

2025年の7月に大災害が起こるという噂があって、心配している人は多いと思います。タイミングはズレるかもしれませんが、遅かれ早かれ、起こる可能性は高いでしょう。しかし、忘れていけないのは、日本は地震大国であること。そして、何より人も自然の一部であることです。

地震は恐ろしいものというイメージがあると思いますが、もともと地球にとっては当たり前に起こる自然現象です。でも人間にとっては、それが原因で家が壊れたり、津波に襲われたり、停電したりして生活がままならなくなるから、恐怖を感じるのも当たり前ですよね。

ただ、そうした**災害は、人の想いや念が集中すればするほど起きやすくなります。**序章でも書きましたが、人間界に存在している微精霊という存在は、気に入った人の願いがいいものであっても、悪いものであっても叶えてしまうという特性があります。「大災害が起こって大きな被害が出ている」とイメージしている人が多ければ多いほど、微精霊たちはその念を願いだと汲《く》み取り、叶えようとしてしまうのです。

だから人間が不安や心配、恐怖を感じれば感じるほどに、災害の規模や被害は大きくなってしまいます。

もちろん、いざという時のための備えをするのはいいのですが、不安だからと食品などを買い占めるようなやり方ではなく、安心するために最低限必要な分だけを揃《そろ》える、といった意識で行動することが大切です。

災害への不安や恐怖は、つまりそれは、未知という名の死への不安や恐怖とも言えますよね。その一端を知ることで、不安も恐怖も緩和されるものだと思います。

うちのところにも、「死ぬのが怖い」という相談がとても多くあります。

死んだらまずどうなるのか知らなければ、怖くて当たり前だと思います。でも、その仕組みを理解することで、恐怖がやわらぐと思います。

前世も含めたうちの経験からわかっていることは、序章の宇宙の仕組みにも書いている通り。今あなたが持っている肉体は魂の入れ物であって、亡くなって肉体を失っても魂は生き続け、成仏するとあの世に行き、必要なプロセスを経てまた転生することになります。

魂は永遠であって、無になるわけではありません。再び魂が舞い戻るまで、世界はゆるやかに変化し続けていきます。

魂レベルではみんなそれを知っているんだけど、この世に生まれて成長するうちに、親や学校、周囲の人から社会の常識を刷り込まれて信じられなくなっているんです。**守護様だって、死を経験したからこそ、今あなたを見守ってくれる存在になっているわけです。**

死んでも終わりはないと思うと、少し楽にならないかな。

一方で、この人生は限りあるものだと認めることも大切です。死ぬことが怖いということは、毎日を生き切れていないかもしれません。いつ死んでも後悔はないように、自分の人生を生き切ることでも、死への恐怖はやわらいでいくと思います。

災害だけでなく、事故や病気、突然の体調不良などで、誰もが明日亡くなってもおかしくないのです。自分がやりたいことをやって、満足できる日々を送ってください。

自分がやりたいことがわからないという場合は、守護様に「自分は何がやりたいのかわからないんだよね」と正直に打ち明けてみましょう。そのうち、頭に浮かんだことや、夢に出てきて印象に残ったことがあれば、それを行動に移してみるといいですよ。それが本当にやりたいことではなかったら、潔く気持ちを切り替えることも大切です。そうやって直感を頼りに動くことで、やがて本当にやりたいことが見つかります。次の章で、自分の人生を切り拓くための方法をお伝えしますね。

まとめ

災害は、人の想いや念が集中すればするほど規模や被害が大きくなってしまいます。災害は自然現象だと理解して、過剰な不安や恐怖を手放し、安心できるように備えるのが最善策。死への恐怖が強いなら、死後の世界への理解を深めましょう。自分がやりたいことに気づき、行動して、毎日後悔のないように生き切ることも大切です。

コラム

先祖供養のこと

●お骨の置き場所や墓じまいは、家族で慎重に検討を

うちのところには、先祖供養に関する相談も多くあります。まず**お墓については、うちはあってもなくてもいいと思っています。**お盆などにご先祖の魂が、あの世から人間界に戻ってきますが、その目印は自分の骨や、思い入れのあるもので、お墓がなくても戻ってくることができるからです。そもそも、お墓が現在のようにポピュラーになったのは明治時代のこと。江戸時代までは、墓石は武家など一部の裕福な人のもので、一般の人のお墓はありませんでした。

それに**亡くなってあの世に行ったご先祖の魂は新盆《あらぼん》には戻る人が多いのですが、あとは戻っても2、3回くらい**で、それ以降は戻らない人も多いんです。今は、遠いとか維持費とかの問題でお墓の処分を考える人も多いと思うので、家族で話して、納得した上での処分なら問題ないと思います。

ただし、**お墓をとても大切にしている家の場合は、墓じまいは慎重に検討してください。**ご先祖様がどういう思いでお墓を建て、守ってきたかをよく考えないで処分すると、怒りを買うこともあるからです。**お墓は生きている子孫の心の置き所としての役割もある**ので、そうした一面も考えましょう。今お墓がない場合は、お骨を自宅に置いても構いません。ただし、お骨や置き場所が汚れていると、浮遊霊が集まることがあります。異音がする、ものが動くなどの怪現象が起こる場合は置き方を見直しましょう。海洋散骨は、先祖が帰りたい時の目印がなくなるので、やめたほうが無難です。樹木葬は、先祖が戻る時に植物のエネルギーに絡め取られて魂を傷つけるので、やはりやめたほうがいいでしょう。

戒名については、あってもなくても構いません。実際に見たことがあるのですが、ご先祖は成仏してあの世に行っても、生前と同じ名前で呼ばれるからです。

●お盆にするべきは、生きた家族同士の交流

お盆とは、**霊道が安全に開くタイミングのことです。**

霊道とは、亡くなって成仏した人の魂が通る道のことで、年がら年中開いたり閉じたりしているのですが、お盆の時期には安定して開いています。それを天界が管理していて、善良な魂だけを通すようにしています。

ハロウィンの時期の霊道はところどころ、もろい箇所があり、力が強く邪な心を持った魂が霊道をこじ開けてくるので、十分に注意が必要です。

お盆にご先祖が帰ってこないこともあることは、先にも書きました。では**お盆に何をしたらいいかというと、家族同士で交流するといいと思います。**

家族の仲が悪い場合は無理にとは言いませんが、そうでないなら、実家に帰って親や兄妹と会ったり、ご先祖の話をするのもいいですね。

親に久しぶりに会うと、親の背中が小さくなっているのを見て親孝行しようと思えるし、逆に親は子どもに対して「こんな立派になって」と安心できるなど、再会することで親子の絆《きずな》を確かめられるはずです。

子孫たちが仲良くしていることで、ご先祖も安心してあの世で過ごすことができます。

第4章

守護様と一緒に、自分の人生を切り拓こう

人生の主役はあなた！自分の道を切り拓こう

これまであなたは守護様という存在を意識し、仲良くなるべく絆を深めてきました。第3章では守護様の力を借りて、不安や恐怖、危険を遠ざけ現実を変える方法を学んだと思います。自分に正直に生きることの大切さも、わかっていただけたのではないかな？　あなたがあなたらしく過ごしているほどに、守護様は元気になり、さらにあなたを力強く応援してくれるようになっていますよ。

うちが今あなたに一番伝えたいことをお伝えしますね。

あなたの人生の主役は、あなたしかいません。人生という大きな舞台で輝くべき人は、あなたなのです。周りはみんな、あなたを輝かせる名脇役なのです。

魂のレベルでは、みんなそれをわかって生まれてきています。でも人は成長していく過程で、置かれた環境や、親や学校、友達など周囲の人からの影響を受けて、本当にやりたいことを後回しにしてしまいがちです。自分に自信が持てず、他人の態度に一喜一憂したり、環境が悪いことを悲観したり、目の前の「やるべきこと」に振り回されて、**自分を人生の脇役にしてしまっているんです。**

今置かれている環境はあなたが選んだ舞台。周囲の人は脇役です。

第3章までで、自分に正直に生きることを学んだあなたは、ようやく人生の主役になることができるようになりました。今から人生をどう生きるのかはあなた次第。舞台を変えるのか、変えずにそのままそこに立っていくのか。脇役に誰を選ぶのか。それらを自分で決めて、自分で人生を切り拓くことを選びましょう。まだ自信がないと言う人は、第3章までを繰り返し読んで実践してくださいね。

話を元に戻しましょう。人生の70％は自分の意識で決まります。あとの25％は努力、残りの5％が環境です。生まれた環境や今置かれている環境が悪くても、意識を変えて努力することで、状況の7割は変えられます。意識が変われば行動が変わり、行動が変われば目の前の現実は変化していきます。

この世界で生きる上では、辛いこともたくさんあります。でも嬉しいこと、楽しいこともあって、辛いことがあるからこそ、喜びも感じられるよね。**どうせ生かされているなら、楽しんだもん勝ち。**今が辛くて、下を向き続けていても、何も変わりません。限りある人生の時間で、辛いことばかり考えるのは時間の無駄だし、後悔しても過去には戻れません。

人の人生の結末は、1000万通り以上があらかじめ用意されています。うちらは毎日数えきれないほどたくさんの選択をしながら、ある結末に向かって進んでいっているんです。**うちは「運気」というのはないと思っているんだけど、運命の糸は確実にあると思っていて、実際に見えてもいます。**

ある選択をして、ある道に進んだ途端にある人や仕事、場所などと運命の糸がつながり、それによってまた進むべき道が現れていきます。**だから、辛いことが起きた時に人生を悲観している人は、後ろ向きな選択をしがちで、不幸につながるご縁が引き寄せられます。逆に人生を前向きに歩もうと決めた人は、前向きな選択をして、今と**

は違った幸せなご縁を引き寄せながら歩むことができるんです。その選択が正しいとは限りませんが、いい結果であれ、悪い結果であれ、対処していくことで必ず学びがあり、新しい展開は拓けていきます。**自分で自分の選択や行動に責任が取れる人が、最終的に幸せな運命の糸を手繰り寄せられます。**

うちは、生きることって**「いかに自分らしく生きるかを模索していく時間」**だと思うんです。一瞬一瞬をできるだけ自分に正直に選択していくことで、自分らしい生き方にどんどん近づいていけると思います。どっちを選択するか迷った時は、守護様に「どっちがいいと思う?」と気軽に聞いてみてね。直感した答えに沿って選んでみることで、どういう結果が現れるかを見ながら、楽しく次の選択をしていきましょう。

まとめ

自分が日々する選択によって、次に進むべき道は決まります。辛くても、自分で気持ちを切り替えることで、自分の人生を切り拓いていきましょう。守護様は、そんなふうに前向きになったあなたを全力でサポートしてくれますよ。

幸せになりたいと願うより、目の前の幸せに気づこう

あなたは自分の現状を人と比べてみたり、「自分は今、どのくらい幸せかな？」などと幸せを測ってみたりしていないかな？

もしそういう気持ちになることがあるなら、自分にまだ自信が持てていなかったり、「こういうふうにあらねばならない」という何かにとらわれているのかもしれません。

自分以外の何者かになろうとすることは、自分に正直に生きることとは正反対のことで、そのまま進むと辛くなります。

なるべく周りに迷惑をかけないようにしながら、自分に正直にしたいことをして、言いたいことを言い、行きたい場所に行くことです。

自分に正直に生きていると、ふとしたことが幸せだと感じられるようになります。

お金があるとか、立派な家に住んでいるとかは関係ありません。実際、うちは収入も安定しないしボロ家に住んでるけど、好きな人と一緒に暮らせていて、毎日何気ない

瞬間に幸せを感じています。人によっては、いい景色を見ながら散歩するのが幸せだったり、ペットと暮らすことが幸せだったり、**幸せの形は人それぞれです。**

今幸せだと感じられない人は、まず目の前にあることに感謝してみてください。毎日呼吸ができること、住む家があること、食事がとれること、布団に入って寝られること、着る服があること、など。当たり前に感じていることも、実はいつなくなってもおかしくないものです。自分の命だって、明日はどうなるかわかりません。

守護様がいてくれるのも当たり前ではありません。あらためて**守護様に感謝しながら、「私が幸せを感じるのはどんな時でしょう」と聞いてみましょう。その後、ふとした瞬間に「あ、今幸せかも」と感じることが、きっとあるはず。そうした瞬間をたくさん増やすことで、あなたの人生はどんどん幸福度が増していきます。**

まとめ

当たり前に感じている環境や自分の命も、明日はどうなるかわかりません。目の前の幸せに感謝し、自分に正直に生きているうちに、自分の幸せが何なのかに気づけます。

辛い時こそ、そこから学んで成長するチャンス

いつも同じような文句を言ってくる人と出会うとか、同じような問題が起きて落ち込む、ということはありますよね。そういう時、守護様はあなたに「今こそ自分を認めて気づいて学んで、次のステップに行こう！」と訴えています。

人から何度も言われる文句なら、自分に原因があるかもしれません。また、同じような問題が起きるのも、自分に原因があるかもしれないからです。それを素直に認めて行動に移すことで、もう文句は言われず、問題も減少していくでしょう。とてもシンプルなことなのですが、**人は図星な指摘ほど、認めたくないものです。**

うちは人生相談に来る人に対して、その人の中にある原因を踏まえて、したほうがいいことや、しないほうがいいことをアドバイスしています。本人が一番認めたくな

いことなので、実際に行動するまでには時間がかかることも多いですが、本人が自分なりに勉強しながら人生を改善していって、最終的にやっと、うちが言ったことを認めて改善することで、人生が急にうまく運び出すということはとても多いです。

人からの指摘を認めるには、自分の欠点や暗い部分を見なければいけないので、とても辛い作業なんだけど、そこから学ぶものは大きく、必ず成長していけます。

それでもまた嫌なことが起きた場合、「また振り出しに戻ってしまった」と落ち込む必要はありません。成長というのはらせん階段を1段1段上がっていくようなもので、1周するとまた元に戻ってしまった感覚に陥りますが、実は以前よりも高いところにいるのです。その都度起こる問題に冷静に対処していくことで、また一歩進むことができ、改善すべき部分もだんだんと減り、人生はスムーズになっていきます。

まとめ

人から文句を言われたり、問題を起こしている原因は自分自身かもしれない。認めたくないことほど、素直に認めて改善することで、大きな成長につながります。

自分の信念を持ち、自分の責任で行動しよう

自分の人生を切り拓くには、自分を認めて努力をすることと共に、日頃から信念を持って行動することも大切です。

第2章でも、自分に正直に生きることが大切だと何度も書いているけど、あるがままの自分で過ごしていると、やがて自分の揺るぎない信念が生まれます。

信念とは、自分の心が動くことに忠実に生きること。

例えば、仕事のやり方でもいいし、人との付き合い方や、お金の使い方でもいい。最初のうちは人の真似をしたり、反面教師にして真逆のことをやってみたりするのもありだけど、いろんな行動をしているうちに、自分がどういう時に心が動くのかがわかって、自然と信念が芽生えてくると思います。

信念を持って行動するということは、自分の人生を生きていくことです。決められたルールにとらわれず、環境や人のせいにすることなく、すべて自分の責任において進んでいくことです。**あなたがそのように生きることができるようになると、守護様もより力強く親密になるでしょう。**

そして、あなたが成長するために追い風を吹かせてくれたりする一方で、試練をあえて与えることもあります。でも、自分のいいところも悪いところも認められるようになったあなたは、強い心で試練もクリアしていけると思います。

うちが人の相談に乗る際に大切にしている信念は、「大変なことがあっても、自分でなんとかしようと一生懸命に頑張っている人を助ける」というものです。この信念に基づいて行動しているので、自分のしたことに後悔することはありません。

人生相談は、まず依頼文を読んで、心が動かなければ受けることはしません。悲惨な状況を訴えて「助けてください！」と書いたり、華麗な経歴などを書いてくる人もいるのですが、ただすがってくるだけの人には心が動かないので、相談に応じることはありません。なぜなら人に助けてほしいとすがってくる人は、自分で変わろうという気がないからです。そういう人にお祓いしたりアドバイスをしたりして、一時的に状況がよくなったとしても、本人が根本的に変わらないと、また元通りになることは目に見えています。

逆に、たとえシンプルな依頼文でも、これまでさんざん自分でも頑張ってきていて、それでも苦しみの中にいて、どうしてもなんとかしたい、という思いが伝わってくると、うちの心は動きます。心が動いたら真剣に相談に乗ることに決めています。

もう1つ、人生相談に関してうちが決めていることは、一人1回までしか助けないということです。相談は基本的に無料で受けているし、うちの体は1つしかないので、何かあるたびにすがられても応じられないし、一度アドバイスをして、それを実行するかどうかは本人の選択であり、その結果どうなるかはあくまで本人の道だからです。

うちが派遣の仕事をしていた時に知り合った20代前半の男性の話になりますが、結婚をしており、2歳の女の子にも恵まれました。しかし、夫婦2人とも同じ児童養護施設出身ということもあり、なかなか定職に就けずにいました。そんな最中、夫である知り合いの男性が不幸に遭い、亡くなってしまいました。運命を呪い悲しんでいましたが、「あの人が残してくれた、この子は私が守る」と奥さんは必死に働いていました。

そんな思いに心打たれ、うちは今後一切会わないことを条件に、子どもが成人するまで支援を続けることを決めました。

序章のコラムでも、**うちが以前知り合いからお金を騙し取られたことを書いたけど、支援をすると決めた途端に、その事件は起きたんです。それでもうちはうちの信念に沿って支援を続けました。**なぜそうしたかというと、奥さんがクソ真面目に生きて、貧乏くじを引いているにもかかわらず、子どもをちゃんと成人させたいという志の高さと、人生に悲観していない強さを感じて心が動いたからです。仕送りしている最中は自分の生活も苦しかったけど、自分は間違っていない選択だったと、今でも思っています。また、無事成人していることを願うばかりです。

まとめ

信念とは、自分の心が動くことに忠実に生きること。信念にしたがって行動できるようになると、守護様はパワーアップして、あなたをより積極的にサポートしてくれます。

好きな人との運命の糸を手繰り寄せる

人生に対して前向きになってくると、恋人やパートナーが欲しいと思うようになると思います。

異性は星の数ほどいるはずなのに、運命の相手になかなか巡り会えず、悩んでいる人もいるかもしれません。うちは正直なところ、あまり興味がありませんでした。「将来、寂しいのかな」くらいの感情程度でしたし。**でも彩と出会い、41歳で結婚することができました。**

なぜ出会うことができたかというと、よくも悪くも行動したからです。出会いは彩の霊視鑑定とお祓いをすることだったので、当然、恋人探しが目的ではありませんでしたが、それでも彩は前向きに生きたいという思いでうちに会いに来たし、うちも辛い思いをしている人を救いたい、という思いで彩に会いに行きました。

いくら自分を磨いても、恋愛テクニックを学んでも、待っているだけでは運命のお相手は現れません。つまり、行動しないと何も変わらないんです。

運命の糸の話は、この章の最初のほうでもしたよね。ある道に進んだ途端にある人や仕事、場所などと運命の糸がつながり、それによってまた進むべき道が現れます。

いつもと同じことをしているだけでは、家族や友達、職場の人との糸しかつながりません。**でもいつもと違う行動をすると、そこですれ違っただけの人とも運命の糸はつながっていきます。**その後会わなければ1、2日で糸は切れるけど、また出会うと切れずに太くなっていきます。さらに、通勤電車が一緒とか職場が一緒など会う回数が増えると、その人との運命の糸はどんどん強固になります。ちなみに、運命の糸が強固になる＝恋人になるとは限らず、罵《のの》り合うような運命になるかもしれません。離れたいと思うなら近づかないようにすることで、糸は薄れ、やがて切れていきます。

どんな縁になるかはわからないけれど、ご縁を探すには、まずは運命の糸を手繰り寄せること。つまり、出会える場所に行くことです。

アプリとか友達の紹介という手もあるけど、うちの周りではそういう方法でうまくいっているカップルは見たことがないのでわかりません。自治体主催のお見合いパーティーとか、地元の居酒屋の常連さん同士の集まりなどは、うちは安心感があっていいと思うけど、自分が安心できる出会いの場をぜひ探してみてね。

出会った人とうまくいかなくても、また出会いを求め、経験を積むうちに好きなタイプや相手の心理もわかるようになるはず。「もう年だから」と諦めがちな人もいるけど、恋人が欲しければ、まずは行動することをおすすめします。

理想ばかりを追い求めても叶わないことは多いので、ある程度の妥協も必要です。付き合いたいと思う人と出会えたら、取り繕わずに素を出すこと。早いうちから弱みを見せることもおすすめです。いろんな恋愛相談に乗ってきて感じるんだけど、とくに女性は弱みを見せないせいで、恋愛がうまくいかないケースが多いんです。完璧を目指そうとするから、男性が助けたいと思わないんだよね。男性は基本的に女性を守りたいし、疲れた時には甘えさせてほしい生き物です。女性がなんでもできて、スキがないタイプだと、逆に男が依存してくる可能性もあります。

ある完璧主義な大学生の女の子が、全然モテないと相談してきたので「ちょっと高いヒール履いて大学に行ってみ」と勧めたら、少し経ってその子から「彼氏できた！」と報告があったんです。ある男の子と仲良くなったところで、うちに言われた通りに高いヒールを履いていったら、すっ転んでしまったんだって。でもその結果、男の子は「この子も抜けてるところがあるんだ」と親近感を持ったようで、一気に距離が近づいて、付き合うことになったそうです。**かっこつけるより、力を抜いて自分らしくいることが、付き合いを長続きさせる上でも大切だと思います。**

意中の相手がいる場合は、相手の負担にならないように印象付けるアプローチをするといいと思います。

ある女性は、行きつけのカフェにタイプの店員さんがいたのでアプローチ方法が知りたいと相談してきました。うちがアドバイスしたのは、同じ曜日の同じ時間にそのカフェに行って、同じメニューを頼んで印象付けること。彼がメニューを運んでくれたら「ありがとう」と笑顔で言ってみるとか、帰る時にテーブルをきれいに片付けて出ていくのもいい。ある程度、印象付けられたら、会話が生まれてそこから何かが始まるかもしれないよね。自分から積極的に距離を縮めたいなら、テイクアウトのメニューを2つ頼んで、帰る時に「あなたにどうぞ」と言って1つ渡したりね。

もちろん、その通りにして成功するかどうかはわからないし、行動に移すかどうかは本人次第です。でも行動してみて、失敗したとしてもそこから学んで次に活かせばいい。場数を踏むほどに、恋愛のコツはわかってくると思います。

意中の相手と付き合うようになってからも、お互い素を出していくことが大切です。考え方や嗜好《しこう》が違う人同士が付き合う中では、お互いに意見がぶつかることもあるはず。納得できない時はちゃんと話し合って、擦り合わせていきましょう。我慢して、気持ちを偽っていると、時間が進むほどに違和感や不信感が大きくなって、ケンカしたり、別れたりする原因になります。見た目のギャップに驚かれないよう、メイクが濃い人は、早いうちから相手にすっぴんを見せておくことも大切です。

これから恋人やパートナーを探したい人から、いい相手の見極め方を相談されることも多いけど、その人によって合う合わないがあるから、うちの個人的な意見を書くね。思いやりではなく損得勘定で動く人は、この先も変わらないからやめたほうがいいと思います。あとは肩書きばかりを自慢する人も、自分自身に自信がない証拠なのでろくでもないと思います。それとお金を要求してくる人も、もちろんダメです。「会社が傾いたから」「家の事業がうまくいっていなくて」「家族が病気で」などの理由で、お金を出すことを促してくるような時点で、付き合いをやめたほうが身のためです。本当に深刻な状態で、助けてあげたいと思うなら、お金を出す前に会社や家族に会って、現状を確かめてからにしましょう。

本人の素を見たいなら、車の運転を見るか、お酒を飲んでいる様子を見るといいと思います。運転中に急に性格が荒々しくなったり、スピード狂だったりする人は、何かのきっかけで傲慢になりがちな傾向があると思います。

「この人、大丈夫かな？」と思ったら守護様に聞いてみて。「恋は盲目」と言うけれど、少しでも違和感があればそれは大体当たっているものです。勢いだけで突き進まず、冷静に相手を見極めることも必要です。

まとめ

出会うためには行動すること。付き合いたい相手が見つかったら、自分の素を出しつつ、相手の素の部分も感じ取って、長く付き合えるかどうか判断するのも大切です。

「お金は使うと入ってくる」を実践するには

ある女性から「スピリチュアル的にお金はエネルギーで、使えば使うほど入ってくるという説もあるけど、それは本当ですか」と聞かれました。たしかに経営者などが、設備や人件費にお金を多く投資することで利益が上がるということはあると思いますが、一般の人は、**ただお金を使っても、返ってくることは期待できないと思います。まずはお金の本質を捉えてみましょう。昔は人同士で、自分たちの命をつなぐために、モノや食べ物を交換していました。やがてその対価として、便利に使えるお金というものが生まれたわけです。**しばらくは、信用できる人同士で食べ物などと交換するための対価だったものが、資本主義経済が発展して、信用がなくてもお金さえあれば希望が叶えられる、という認識を持つ人が増えていきました。

でも、それはお金の本質ではありません。**お金があるから豊かなのではなく、お金**

を使って自分の命をつないだり、誰かの命を助けたり、楽しませてあげることができるから豊かなわけです。この本質を捉えると、お金を使えば豊かになるんじゃなくて、人のために使って人間関係をよくすることで、豊かになることがわかると思います。

もし今大災害が起きたとして、被災地で困っている人に、お金を送っても役には立ちません。それよりも、食料や生活用品を送ってあげるほうが喜ばれるでしょう。家族にだって、ただお金を渡すより、美味しい食材を買ってあげるとか、友達に心を込めたプレゼントを渡すなど、相手を助けたり、喜ばせるようなことにお金を使ってみると、巡り巡って自分に返ってくると思います。ただし、見返りを求めないことも大切です。**自分のためにお金を使う時も、生きたお金を使うといいと思います。身につけてワクワクするような洋服とか、家族と楽しく遊べる遊園地など、自分が満たされることにお金を使いましょう。**

まとめ

お金は相手や自分の命や喜びのために、心を込めて使いましょう。相手や自分の満足につながり、人間関係が豊かになります。ただし見返りを求めないことも大切です。

自分の才能に気づき、チャンスをつかむために

好きなことを仕事にしたい。活躍したい。

そんなふうに願っている人もいると思います。**誰にでも輝ける個性や魅力の原石があって、守護様はあなたに、あなただけの原石を磨いて輝いてほしいと願っているんです。**「自分は才能がないから」と諦める人もいるけど、才能があるから活躍できるわけではないんです。

大切なのは、チャンスをつかむための準備ができているかどうか。

いくら歌に才能のある人でも、日頃から努力したり、発信することをしなければ、「地元の歌のうまい人」で終わってしまいます。それほど才能がなくても、自分を信じて日々歌のトレーニングに精を出し、SNSなどで発信しているうちに、それを見た人からステージに呼ばれたり、コラボに誘われたりして、世の中に出て活躍でき

るようになることもありえます。

チャンスが来るというのは、活躍できる場や人との運命の糸が太くなるかどうかであって、しょせんは他人任せのところもあります。ただし、運命の糸を自分で引き寄せるには、努力したり発信するなどの行動をし続けておく必要があります。そういう人が、チャンスが来た瞬間にためらわず、いい波に乗っていけるのです。

自分がどんなことで活躍できるのかわからない、という人は、他人から褒められたり、それができるのはすごいと言われているもの、なおかつ、自分ではできて当たり前だと思っていることがそれだよ。

例えば、動物に詳しい人が、その方面で活躍するとなると、動物学者や動物園の飼育係が浮かぶけど、それだけではありません。動物の魅力を詩で表現するとか、イラストで描いてアパレルグッズを作るなど、さまざまな選択肢があります。

自分の才能がどういうふうに発展していくかわからないので、守護様に「私ができることって何だろう」って聞いてみてね。ピンときたことがあれば、学んだり、人に教わったりしてやってみると、活躍につながる可能性もあります。出た答えがゴールではなく、必要なプロセスであると捉えることも大切。違うと思ったらいつまでも執着せずに、次に気になったものに乗り換えてもいいんです。自分に正直に選択することで、やがて自分が心からやりたいことが見つかると思います。

やりたいことがいくつもあって、1つに絞れないという相談もよくあります。世界で活躍したいほどの高い志がある人の場合、他を犠牲にして得たとしても、必ず何かが欠けていることが多いです。本物の頂点を目指すなら、全力ですべてをやるのもいいと思いますよ。夢は何よりの原動力ですから。ただし、極めることだけにこだわらず、自分らしい夢との付き合い方も重要だと思います。

例えば、音楽の演奏と飲食の仕事がやりたいなら、飲食店で働きながら、音楽は趣味と割り切って楽しく演奏することに徹したらいい。働いているお店で演奏させてもらうなど、両方を組み合わせた活動をするのもありだよね。1つのことをやるには他を諦めないといけないと思っている人が多いけど、両方取ることで満足のいく人生になるかもしれないので、自分がどうしたいのかを考えてみるといいと思います。

ちなみにうちに相談しに来る人は、うちが言ったアドバイスを素直に実行したことで、短期間で急成長することが多くあります。

ある男性は、デスクワークの仕事をしていましたが、会社に馴染めないという悩みを相談してきました。うちは彼の経歴や能力を聞いて、日本ではそれが活かせないから、海外に出たらどうかとアドバイスしたんです。彼は素直にそれを聞き入れて半年後に海外に旅立ち、現地の会社で働き始めるとスピード出世し、2年後には「年収が1桁増えた」と教えてくれました。

ある貧困に悩んでいた家族には、高校生の子どもも含めて全員で目一杯働いて貯金して、海外に移住したらどうかと勧めたら、彼らも素直に実行して、今はある国で、プール付きの邸宅でメイドを雇って暮らしています。

これだ！　と思ったチャンスがあれば、リスクも考えた上で、思い切って行動することで人生を劇的に変えることができます。

まとめ

人から褒められて、自分では当たり前と思っていることに才能の原石が隠されています。やりたいことがあれば努力し、発信することでチャンスをつかみやすくなります。夢を叶えたり、現状を変えるには、リスクを取った上で行動することも大切です。

コラム

オーラの鑑定について

うちは子どもの頃から人のオーラの色を見ることができ、これまでに数万人という人のオーラを分析してきました。

それにより、**色や形などによってその人本来のおおまかな性格や考え方の傾向がわかるようになりました。**

オーラの色はその人が亡くなって、また転生しても変わりません。つまり、生まれ変わってもおおまかな性格や考え方は変わらないんです。

オーラの色は魂の色と言ってもよく、それに外れた行動をすると、本来の自分の在り方とずれてくるので、違和感があったり、ものごともスムーズにいかなくなったりします。

なので、うちは、その人がなるべく本来の性格に沿って自分らしく生きるために、オーラに合った意識の持ち方や注意点などを助言しています。

うちが見ているオーラは大体3色で、たまに4色ある人もいます。主体の色が一番大きくあって、サブの色が他の場所に配置されています。

オーラは色のほか、色の濃さや出方、出現している場所、形、大きさ、メインとサブの色の組み合わせによっても性格傾向が変わってくるので、この色だからこういう性格、とは言い切れませんが、各色の傾向は以下のような感じです。

オーラの色と性格傾向

赤――情熱と行動力がある。猪突猛進、人の言うことを聞かない面もある。
青――冷静沈着にものごとを考えられる。一方、ヘタレでビビりな部分も。
緑――平和主義で安定を望む。自分の平和のためなら戦うことも。
黄――能天気で天然。ユーモアがある一方で、裏では泣いていることも。
茶――唯一無二の独自性を追求する一方、周囲への迷惑を顧みないことも。
オレンジ――策士で、あれこれ考え込むが、考えすぎると失敗することも。
紫――嘘つきキャラ。周囲のために、自分で自分に嘘をついて頑張ることも。

うちはその人と実際に会って鑑定しないと、オーラの色を見ることはできません。**でも大体の人は、自分のメインのオーラの色が好きだったり、安心感があったりするので、勝負服とかバッグなどの愛用品に取り入れていることが多いです。**それを見ると、うちは「あ、そうだよね」って納得します。

オーラ鑑定については、YouTubeとの動画でも紹介しています。

この後に登場するラファエルさんや、三崎優太さんのオーラ鑑定もしていますので、ぜひ読んでみてくださいね。

特別収録

人気YouTuberを霊視鑑定!

ラファエルさん&青汁王子こと三崎優太さん

YouTube「彩咲ちゃんねる　満作乃宿リシ縁」では、これまでいろいろな方とのコラボ配信もしてきました。今回登場するラファエルさんと、青汁王子こと三崎優太さんとはそれぞれ数回にわたってコラボし、ご本人の守護様やオーラを鑑定したり、仕事場や自宅などの霊視鑑定をしました。その内容をご紹介しますね。

オーラがなんと4色もあった！ 英雄キャラで、男性にも女性にもモテる人気者

・ラファエルさん

日本の男性YouTuber、実業家、投資家、作家、元自衛隊員。大阪府生まれ。定時制高校を卒業後、パチンコ店に勤務。その後、自衛隊や営業職などを経てYouTuberに転身。自衛隊で鍛え抜かれた肉体、営業職で培ったトーク力とビジネスセンスを武器に、瞬く間に人気YouTuberの仲間入りを果たす。チャンネル名は「ラファエル　Raphael」で、登録者数は172万人を超える（2025年2月現在）。

ラファエルさんはもともと占いや姓名判断、験担《げんかつ》ぎなどや幽霊といった、見えない世界を信じているということで、「霊能者は本当に霊が見えるのかを検証したい」ということで、神社や心霊スポット、事故物件などを一緒にたずね、ご本人の鑑定もしました。

ラファエルさんのオーラを見ると、多くの人が3色しかないのに対して、珍しく4

色ありました。メインのオーラは緑で、サブに赤、黄、青の3色が均等に入っている人はとくに珍しく、うちが鑑定した中では3人目です。

オーラの色や形で総合判断すると、ラファエルさんは平和主義者で周囲の空気をちゃんと読みながら、情熱的でリーダーシップもあり、ユーモアも備えつつ冷静さも持っているキャラクター。**英雄やヒーローはこのオーラの人が多いのです。**

彼のような人が英雄としての素質をうまく活かすためには、周りに迷惑をかけること前提で嫌われない程度に突き進んだほうがいいんです。信頼した人は絶対についてきてくれるので、遠慮するのはやめて、ある程度傲慢になったほうが成功します。

またラファエルさんは男性にも女性にも好かれやすい資質がある一方で、権力を持った悪人にも近づかれやすいので、注意が必要だということもお伝えしました。

ラファエルさんの事務所も霊視鑑定しました。リビングに、外から誰かについてきた子どもの幽霊がいましたが害はなく、成仏させました。寝室には多くの人の念がありましたが、悪いものではありませんでした。機材部屋は空気が澱《よど》んでいたので、換気したほうがいいとお伝えしました。

ちなみに、家の中には玄関や窓を通じて精霊や神様、幽霊などいいものも悪いものも入ってきます。

悪いものが溜まらないようにするためにも、こまめに換気や掃除をすることは大切です。とくに「鬼門」と呼ばれる北東と、「裏鬼門」と呼ばれる南西の方角は、霊的なものの通り道なのできれいにしておくといいですよ。

水にもいいものも悪いものも溜まりやすいので、コップやペットボトルの飲み物を放置しておかないこと。

また、**合わせ鏡は空間が歪んで浮遊霊が寄ってきやすいので、三面鏡などがある場合は、使わない時は閉じておくか、布をかけておくと、災いを避けられます。**

ラファエルさんとは渋谷スクランブル交差点やセンター街の霊視鑑定にも行きました。人混みには成仏していない幽霊がたくさんいましたが、昼間だったため、人に危害を加えるような悪霊は見当たりませんでした。

心霊スポットで有名なトンネルにも行きましたが、強力な悪霊が大量にいて、本当にやばいと思ったので、奥まで入らずに出てきました。**こうした心霊スポットは、興味本位に行くと悪霊に取り憑かれて苦しむことになるので、絶対にやめてください。**

ラファエルさんの守護様は女性で、20代半ば。すごくラファエルさんをかわいがっていて、彼が異性といる時には嫉妬してむくれていることもあるようでした。「守護様が事故などの時にとっさに助けてくれることがある」と伝えると、ラファエルさんは、小学校の時、学校をサボって友達と自転車で２人乗りしていて、時速60キロくらいで走っている車に横から突っ込まれたのに、無傷だったことを教えてくれました。

ラファエルさんは、エレベーターのボタンを１階で押す時、人が乗ってくるかどうかがわかるとのこと。元自衛隊員ということもあって、人の気配や命の波動を感じやすい人だと感じました。

余談ですが、最初に彼の目を見た瞬間に「きっとめちゃくちゃ優しい人やな！」って思ったけど、話してみてもその通りの人でした。

バイク事故での大怪我や破産の試練を大きなチャンスに変える！

Portrait by Munetaka Tokuyama

・三崎優太さん

株式会社メディアハーツ（現・ファビウス株式会社）創業者。現在は、株式会社みさきホールディングス代表取締役。北海道札幌市出身。クラーク記念国際高等学校卒業。
２０１４年以降、青汁のネット通販が爆発的にヒットして「若手イケメン社長」としてマスコミなどに注目されたことから、ネット上などでは、青汁王子の名で知られる。

三崎優太さんがうちを呼んでくれたきっかけは、彼がバイク事故で大怪我をしたことでした。ある日、三崎さんは田舎道で煽《あお》り運転をされ、相手を巻こうとスピードを上げたところ、ガードレールに激突し、左前腕に大怪我を負いました。手を動かすための神経が全部切れ、手の指が開かない状態での初対面となりました。**怪我に落ち込みながらも「バイク事故は神様が与えてくれた試練。この経験をチャンスに変えたい」と語り、そのきっかけとして、霊的なアドバイスや家の霊視鑑定をしてほしいと**

いうことでした。

三崎さんの守護霊は20代半ばの女性の方。童顔ですが性格はきつそうで、姉御《あねご》口調。戦国時代の頃に生きた、位の高い家の娘さんという印象でした。

うちが守護様に「こんにちは」とご挨拶すると、彼女は急に詰め寄ってきて、一気に話し始めました。**通常、守護様は初対面だと話すことは滅多にないんです。ただ三崎さんの守護様は、彼に緊急のメッセージをどうしても伝えたかったようでした。**

「仕事で無理しすぎ。それと優しすぎて、初めて会う人を信用しすぎる。露骨に下心がありそうな人でなくても、疑いの目を向けて人に接したほうがいい」と守護様は言いました。それを本人にお伝えすると、ピンときていなかったようですが、スタッフの方は激しく同意していました。

三崎さんはバイク事故の犯人が知りたいということだったのですが、守護様にもわからなかったようなので、三崎さんの記憶をのぞいてみることにしました。犯人は男性のようでした。真相はわからないのですが、知り合いから裏切られる形で、三崎さんの過去の発言を疎ましく思っている組織から、狙われていることが推測されました。三崎さんに対して複数人の悪い念が送られていることもわかったので、結界をかけ、肉体の強化（バリアのようなもの）も行いました。

実はこの時、三崎さんの記憶をのぞいたことでうちの肉体が彼の肉体と同調しすぎ、同じ左手が動かなくなるというアクシデントがありました。

守護様やオーラを見る時と比べて、記憶をのぞいたり、前世を見たりする時にはものすごいエネルギーを消費するので、大きなダメージを受けることも少なくありません。その後、整形外科、神経内科、循環器科などの先生方に診てもらいましたが、明確な原因は不明とのことです。

その日は三崎さんのオーラも鑑定しました。

メインが強めの赤で、サブは青と茶色でした。色の濃さや形などもトータルで見ると、情熱的で、目標を決めてやる時は猪突猛進するのですが、いったんやる気がなくなると急に投げ出すところもあり、視野が狭いので、リスク管理が抜けがちな側面もわかりました。

オーラに赤と茶色が入っている人は、トップに立つ器なのですが、周囲から嫉妬されやすく敵を作りやすい傾向もあります。何かの因果でバイク事故に遭ったことや、日頃からアンチコメントや攻撃を受けやすい状況に合致していると思いました。

2回目にお会いした時は、三崎さんが株価暴落が原因で破産し、復活した直後のタイミングでした。この時は3億円の豪邸に引っ越したばかりでもあり、三崎さんは家での暮らしは快適で、仕事も順調なものの、体調やメンタルがすぐれないということでした。

前回大怪我を負っていた腕はだいぶ動くようになり、肉体の波動も安定してきてはいましたが、まだ本調子ではなく、肉体への違和感がある様子でした。バイク事故、破産と立て続けにトラブルがあった疲れも残る中で、引っ越しを機に仕事を再建したいが、気持ちが追いつかなかったのだと思います。

三崎さんの守護様は「破産で前のマンションを退去し、一時的に小さい家に引っ越した時は、このまま終わると心配したけれど、本人がその経験から学んで立ち上がろうとしている姿は本当に素晴らしいと思う」と三崎さんをねぎらっていました。

そして、「たまには弱音を吐いてもいい」とも守護様は言いました。三崎さんは、まだ復活途中で大変な思いをしている中、アンチコメントを受けたり、大企業から攻撃されるなどのアクシデントもあったようでしたが、ぐっと我慢している、と胸の内を話してくれました。

この時の三崎さんは判断基準がよりはっきりしていて、リスクを考えることもできるようになり、そつがないため、余計に周囲から妬まれている様子もうかがえました。嫌がらせされても反撃できないもどかしさで、もやもやしている様子も伝わりました。

うちもこれまでに経営者をたくさん見てきているけど、トップに立つ人は三崎さんのように、常に上を目指していて、冷静さと弱さ、鋭さも兼ね備えていて、現状に満足しないで苦しんでいるタイプが多いです。

今後は過去の仕事のピークであった、年商130億円、利益42億円、グループ利益が年間50億円という業績を超えていきたいとも教えてくれました。

新居を霊視鑑定すると、悪いものは何もありませんでした。
ただ三崎さん自身、複数の人間からの嫉妬の念を受けている感じがあったので、お祓いをして、肉体を強化する術をかけました。
三崎さんは初対面の時から負けず嫌いで情熱的な印象でしたが、2回目のほうが、信念がより強く感じられ、波動も高くなっていて、目の鋭さも増していて、やっぱりただものではないな！　と思いました。

この時の動画の最後で三崎さんは「スピリチュアルなことはわからないが、参考にするのは悪くないと思っています。経営者や成功者には、スピリチュアルなことを気にする人は多い。全部信じるわけではないが、参考にしたいと思います」と語ってくれました。

信念を持っていて、負けず嫌いで、なおかつ自分が変わっていくことに抵抗がない人は、試練を経験することで劇的に変わります。三崎さんも、バイク事故や破産という試練を乗り越えて、きっと大きなチャンスをつかんでいくことと思います。

おわりに

咲より

この本を最後まで読んでくださって、ありがとうございました。

あなたは、あなたの守護様とベストパートナーになれましたか？

自信がないという人は、何度もこの本を読み返して、読むだけではなく実践してみてください。きっと守護様との絆が深まって、幸せになれますからね。

さて、前世で原初の天界の創造に携わったうちが、今世で人間として生まれたのは、天界の存在と協働しながら、宇宙の安定をはかるためだとうちは考えています。世の中の平和ではなく宇宙の安定？　と思われるかもしれません。序章では「人間界を平和に導きたい」と書きましたし、それは嘘ではありません。

ただこの世の理《ことわり》として、光があれば闇があるように、平和があれば争いも必ず起きます。例えば、あるところに悪い人ばかりが集まって、ある程度時間が経つと、必ずその中からいい人が現れてきます。逆にいい人ばかりが集まると、必ずその中から悪い人が現れるようになります。太極図を見てもそうですよね。黒と白とがあって、黒の中には白い点が生じ、白の中には黒い点が生じるように、世の中は2つの要素に分かれ、さらにそれぞれの要素の中にも正反対の要素が生じます。

この世には平和もあれば、争いもあって当然と言えます。

その中であなたが平和を望むのであれば、自分自身が平和であることだと思います。

争いを排除しようと批判したり、攻撃したりすることは、かえって争いを生みます。第3章、第4章では「好きでも嫌いでも、自分が意識する人とは運命の糸が太くなり、接点が増えていく」ということをお話ししました。争いについても同じで、あなたが怒りや不安、恐怖にかられていると、どんどん争いに近づいていてしまうのです。

それならどうすればいいかというと、この本にあるように、いつも見守ってくれている守護様を意識し感謝しながら、メッセージをしっかりとキャッチしながら、自分の心に集中し、生き方を正すことだと思います。そうして心の安定を保っていくことで、周囲の状況も変わっていき、やがて穏やかで安定した中にいられることが実感できるようになると思います。

あなたの平和を、心からお祈りしています。

彩咲ちゃんねる　咲

彩より

この本を最後まで読んでくださり、ありがとうございました。

咲と一緒に配信しているYouTubeの「彩咲ちゃんねる　満作乃宿リシ縁」で、私はおもに撮影と動画編集を担当しています。編集はほぼ毎日していて大変ですが、苦しんでいる人の力になりたいという咲のメッセージを伝えるためにも、できるだけ多くの動画を届けたいと思っています。

「2人のプロフィール」にも書いた通り、私はいろいろとあって、心が死にかけた状態の時に、咲に命懸けで助けてもらいました。初対面なのに不信感は全くなく、そしてとても真剣な眼差しに惹かれていたのかもしれません。後から思えば、これが運命なのかと。楽しく2人で暮らせていることに感謝しています。

咲は霊能力があるために「中二病」「アニメみたいな空想」などとバカにされたり、罵倒されたりすることもありますが、彼が言っているのは空想や嘘ではなく、すべて自身で経験してきたことです。霊だけでなく、人の思念が見えてしまうので辛い思いをしていることも、そばで見ています。

そして、咲の能力のおかげで、人生が好転した人もたくさん見てきました。

この本を咲と一緒に作ってきた中で、私が一番に感じるのは、目に見えない存在をただ怖いと思うのではなく、理解してもらいたいということです。第1章でも触れていますが、そのことで、この世の循環を促すことが大切です。

とくに幽霊については怖がる人も多いのですが、幽霊も元人間です。人が死んだ後も魂が生き続けることや、成仏してあの世へ行くことを理解しなければ、自分が死んでも死んだことが信じられず、成仏できずに幽霊になってしまうからです。それはこの世の居心地を悪くし、あの世の循環を滞らせることにもつながります。

守護様は、私たち人間一人ひとりを優しく見守り導いてくれています。その思いに応えて感謝すれば、きっとこれまで以上によりよい関係となります。

精霊や神様たちはみんなが住むこの大地を力強く守ってくれています。その思いや行動に敬意を持って感謝すれば、この世界はより一層よくなっていくのではないでしょうか。

そして、人間界もあの世も天界も、みんなにとっていい影響となっていってほしいのです。

この本を通じて、見えない存在のことを理解してくれる人が増えることを願っています。

彩咲ちゃんねる　彩

彩咲ちゃんねる

物心がつく前から魂の色が見え、守護様と対話ができる咲と、他者に合わせて無難に切り抜けようとした感受性が豊かな彩の二人。2022年より「彩咲ちゃんねる　満作乃宿リシ縁」を開始し、霊視鑑定などをメインに発信。著名人を何人も鑑定した実績を持ち、現在、チャンネル登録者数は19万人を超える（2025年2月現在）。

意識《いしき》を変《か》えるだけで幸《しあわ》せの引《ひ》き寄《よ》せ体質《たいしつ》になれる！

守護様《しゅごさま》とベストパートナーになる方法《ほうほう》

2025年3月26日　初版発行
2025年5月15日　再版発行

著　者／彩咲《あやさき》ちゃんねる
発行者／山下直久
発　行／株式会社 KADOKAWA
〒102-8177　東京都千代田区富士見2-13-3
電話 0570-002-301（ナビダイヤル）
印刷所／株式会社ＤＮＰ出版プロダクツ
製本所／株式会社ＤＮＰ出版プロダクツ

ISBN 978-4-04-607375-4　C0095